この一冊で安心

「大切な人」を
後悔なく
見送るために

葬儀とお墓のハンドブック

吉川美津子 監修

ONE PUBLISHING

はじめに

終活という言葉は、２００９年に『週刊朝日』の連載「現代終活事情」から誕生した造語と言われています。同年、流通大手イオンが「イオンのお葬式」としてパッケージ商品の販売を開始、さらに映画『おくりびと』が第81回アカデミー賞外国語映画賞を受賞したことなどをきっかけに、タブー視されていた老病死をオープンに語り合える風潮になってきました。２０１０年と２０１２年には「終活」が、２０１１年には「エンディングノート」がユーキャン新語・流行語大賞にノミネートされています（２０１２年には「終活」がトップテンにランクイン）。

以降、終活に関するイベントが各地で開催されるようになり、またインターネットでさまざまな情報を得られるようになったこともあって、元気なうちから葬儀やお墓のことを考えたり専門家に相談したりしやすい環境が整ってきています。

コロナ禍では、葬儀のあり方も様変わりしました。近親者を中心とした家族葬はそれ以前にも広がりを見せていましたが、特に通夜式を省略して葬儀・告別式のみで済ませる一日葬が増えました。

直葬、火葬式などと呼ばれる、儀式を行わない火葬のみのプランも増加の傾向にありますが、「ていねいなお別れ」を望む声も多く、各葬儀社は「火葬式プラン」のラインナップを増やし、看取りの環境の変化や弔い方の変化に対応できるようにしています。

アフターコロナには、「墓じまい」を検討する人も増えたように感じます。墓じまいが注目されはじめたのは2014年頃からですが、コロナ禍で遠方にあるお墓へ行くことが困難になり、「墓参りすることができなかった」「2年以上放置することになってしまった」という類の声を多く耳にしました。

承継者がいればそれでも守っていく努力をするのでしょうが、跡取りがいない状況では存続が難しくなります。自分の代で墓じまいを、と考えるのも無理はありません。

亡き人を弔うという行為は、人類の誕生から脈々と現代まで形を変えながら世界中で行われてきましたが、「死者をあの世に送る」「遺された人のための区切り・ケア」の2点が葬送儀礼の原点です。どのように弔うか迷ったとき、この2点に立ち返って考えていただくと方向性が見えてくるかもしれません。

吉川美津子

目次

2章　お墓選びの基本

3章 「墓じまい」の知識と手順

4章 日頃の供養と法要

コラム どうする？ 自分の葬儀とお墓

コラム 知っておきたい葬儀のマナー

葬儀とお墓に関するリアルな事例をご紹介します
（複数の体験談を元に構成しています）。

実例・今どきの葬儀事情①

喪主：Aさん（男性・48歳）
故人：父（73歳）

一般葬

仕事関係者なども招いて行う伝統的な葬儀です。

経営者だった父が急死。後を継ぐAさんにとって、喪主を務めることは事業の継承者としての第一歩でもあります。

一般葬を選んだ理由

小さな会社を経営していた故人は、現役のまま亡くなりました。喪主のAさんは故人の死後、社長を引き継ぐことになります。

身内や友人に加えて仕事上の知人の参列も予想されることから、一般葬を選択しました。葬儀は、故人との最後のお別れをするための儀式です。ただし故人の社会的な立場によっては、お世話になった方々に感謝を伝え、今後の付き合いをお願いする意味を持つ場合もあります。

準備する際に迷ったこと

葬儀は仏式で行うことにしましたが、Aさんは実家の宗派がわからず、菩提寺の有無も知りませんでした。父方の親戚に問い合わせましたがはっきりせず、困って葬儀社に相談しました。

葬儀社のアドバイスで親戚宅にある位牌の写真を送ってもらい、それを確認してもらったところ、宗派は判明しました。ただし菩提寺の有無はわからなかったため、葬儀社経由で僧侶を手配して葬儀を行いました。

葬儀の流れ

死去から5日後
通夜
↓
通夜の翌日
葬儀・告別式
↓
火葬

葬儀のスタイル

仏式

参列者数

約100人
（家族、親戚、友人・知人、仕事関係者など）

葬儀にかかった費用
（お布施等を除く）

約200万円

Aさんの感想

仕事関係者や友人・知人が参列してくれる葬儀は、現役で仕事をしていた父にふさわしいものでした。経営者という立場上、葬儀も公的な色合いが強まりますが、多くの人に惜しまれながら見送ってもらえたことは、遺族の慰めにもなりました。

実例・今どきの **葬儀事情②**

喪主：Bさん（女性、75歳）
故人：夫（82歳）

家族葬

家族を中心に、身近な人だけが参列します。

喪主を務めるBさんは高齢で、持病もあります。準備の際のストレスを最小限に抑えるため、小さな葬儀を選びました。

家族葬を選んだ理由

Bさんにとって葬儀を取り仕切るのは、初めての経験。両親の葬儀の際に喪主となった兄がとても大変そうだったため、大がかりな葬儀を出すことには抵抗がありました。

Bさん自身も高齢なうえ、子どもも遠方に住んでいて葬儀の準備などの手助けをしてもらいにくいことや、故人の交友範囲もそれほど広くなかったことなどから、近親者のみで行う家族葬を選びました。

準備する際に迷ったこと

家族や親しかった人だけで見送る小さな葬儀とはいえ、Bさんが迷ったのは、親戚や故人の友人など、どの範囲まで声をかけるべきなのか、ということ。

「トラブルを防ぐためにも身内に相談して決めたほうがよい」という葬儀社のアドバイスに従って、故人の妹と話し合ったうえで親戚に連絡。家族・親戚以外では、故人・Bさん夫妻と家族ぐるみで付き合いのあった友人だけに知らせました。

参列者数	葬儀のスタイル	葬儀にかかった費用（お布施等を除く）
約20人（家族、親戚、特に親しかった友人）	仏式	約70万円

葬儀の流れ

死去から3日後
通夜
↓
通夜の翌日
葬儀・告別式
↓
火葬

Bさんの感想

参列者は夫のことをよく知る人ばかりだったので思い出話なども弾み、温かい雰囲気の葬儀でした。葬儀を終えてから夫の死去を知り、お線香を上げに来たり香典を送ってくれたりする人もいたため、お返しなどに手間がかかったのは想定外でした。

実例・今どきの **葬儀事情③**

喪主：Cさん（男性・68歳）
故人：母（95歳）

一日葬

通夜を省略し、葬儀だけを行います。

故人が高齢だったため、見送る側も高齢。
長時間の儀式は参列者に負担をかけるのでは、という不安がありました。

一日葬を選んだ理由

生前、故人自身が家族葬を望んでいたため、葬儀を小規模に行うことは決めていました。また、故人が高齢だったため親しい友人はおらず、参列者は家族と親戚のみとなりました。

喪主であるCさんも60代後半であり、親戚も大半が高齢者。中には、比較的遠方に住む人もいます。寒い時期だったこともあり、参列者の体力的な負担を軽くするために、通夜を行わない一日葬を選択しました。

準備する際に迷ったこと

一日葬の注意点は、日中の儀式だけになるため、仕事を持つ人が参列しにくくなること。Cさんの場合は故人が高齢で、仕事関係者や友人の参列を考慮する必要がなかったため、特に問題はありませんでした。

ただし、一日葬だからといって料金も半額になるわけではありません。準備のために前日も会場を使うため、通夜と葬儀の両方を行う場合と、金額的にはそれほどかわりませんでした。

葬儀の流れ

死去から4日後
葬儀・告別式
↓
火葬

葬儀にかかった費用
（お布施等を除く）

約60万円

葬儀のスタイル

仏式

参列者数

約20人
（家族、親戚）

Cさんの感想

多くの親戚からは、「体力的に楽だった」と喜ばれました。ただし、母の弟からは「きちんとした形で見送りたかった」という意見も。参列者のことも考えて簡素な葬儀にしたつもりだったのですが、物足りなく感じる人もいるのだと思いました。

実例・今どきの 葬儀事情④

葬儀を取り仕切った人：Dさん（女性・50歳）
故人：叔父（85歳）

直葬

儀式は行わず、火葬場で故人を見送ります。

家族がおらず、親戚とも距離があった叔父。
参列者も数人しか見込めないため、儀式は行わないことにしました。

直葬を選んだ理由

故人は独身で子どももなく、親戚との付き合いもありませんでした。自宅で亡くなったことを警察からの連絡で知り、故人の兄弟もすでに亡くなっていることから、姪のDさんが送り方を決めることになりました。

葬儀費用はDさんとDさんの弟が負担することに。故人の交友関係などもわからず、参列したい人の有無も把握できなかったため、費用を抑えられる直葬で見送ることにしました。

準備する際に迷ったこと

葬儀などの儀式を行わないとはいえ、火葬まで遺体を安置しておく必要があります。初めての経験で知識もなかったため、個人ですべて手配するのは無理だということがわかり、葬儀社に依頼しました。

火葬する前に僧侶に読経してもらえるオプションもありましたが、参列者はDさんと弟の家族だけだったため、火葬のみのいちばんシンプルなプランを選びました。

葬儀の流れ

死去から6日後
安置していた葬儀社から
火葬場へ移送してもらう
↓
火葬

葬儀のスタイル

火葬のみ

参列者数

5人（親戚）

葬儀にかかった費用

約30万円

Dさんの感想

当日は直接火葬場に行き、火葬炉の前で手を合わせて棺を見送りました。儀式がない分、時間もお金もかからないというメリットはありますが、別れがあっさりしているため、人によっては気持ちの整理がつけにくいこともあるのでは、と感じました。

実例・今どきの お墓事情①

樹木葬

埋葬を取り仕切った人：Eさん（女性・50歳）
故人：母（76歳）

墓石は置かず、樹木を墓標とするお墓です。

樹木葬を望んだ母のために、墓地探しを開始。
情報を集めてみると、さまざまなタイプがあることがわかりました。

樹木葬を選んだ理由

故人はEさんの父親と離婚しており、実家のお墓は故人の兄が承継していました。故人はエンディングノートを遺しており、実家のお墓には入りたくないことや、Eさんに家族のお墓を守る負担をかけたくないため、樹木葬を希望することなどが書かれていました。お墓に関してはEさんとも話し合っており、「眺めのよいところ」「自然に還れるお墓」に埋葬されることを望んでいました。

準備する際に迷ったこと

墓地を探し始めてみると、樹木葬にもバリエーションがあることがわかりました。「樹木葬＝自然葬」というイメージだけで捉えていましたが、埋葬の方法や合葬のタイミングなど、さまざまな点で違いがあります。

故人の希望に合う墓地は都市部にはほとんどなく、お墓参りができない遠方に埋葬するのに抵抗があったEさんは、民間霊園の一角にある庭園型のお墓を選びました。

墓地の場所

自宅から車で約30分。お墓参りができる距離にある墓地を選んだ。

承継者の有無

必要なし

費用

約30万円
管理費なし

埋葬方法

樹木葬

・民間霊園の一角に、草花が植えられて庭園のように整備されたスペースが作られている。
・宗教・宗派を問わず利用することができる。
・遺骨はひとり分ずつ袋に入れて埋葬される。

Eさんの感想

母が樹木葬を望んだ一番の理由は、私に負担をかけないため。でも、承継しないお墓（永代供養墓）は樹木葬だけではありません。生前にもう少し話し合い、さまざまな条件を考えたうえで選択肢を広げてみてもよかったのかもしれません。

実例・今どきの **お墓事情②**

墓じまいをした人：
Fさん（男性・55歳）

墓じまい

お墓を撤去し、遺骨を別のお墓に移します。

遠方にある家族のお墓を墓じまいし、自宅の近くへ。改葬と同時に、「受け継がないお墓」に切り替えました。

墓じまいをした理由

Fさんは父親が亡くなった15年前、地元にあるお墓を承継。その後、母親も亡くなり、現在、地元に残っている家族は妹夫婦だけになっています。

Fさんは学生時代から東京に住んでおり、この先も地元に戻る予定はありません。お墓の近くに住む親戚もおらず、妹夫婦も頻繁にお墓参りをするわけではないため、今後のことも考えてFさん宅の近くに改葬することを決めました。

準備する際に迷ったこと

将来的に、Fさんの子どもにお墓を管理する負担をかけたくないため、改葬先は永代供養墓にすることは決めていました。人気の高い樹木葬も検討しましたが、お墓参りがしやすい立地や、一定期間、個別に納骨できることなどから都心部にある自動搬送式の納骨堂を選びました。

元のお墓はなくなってしまうため、お墓参りがしづらくなる妹には遺骨を分骨し、手元供養してもらうことにしました。

承継者の有無

必要なし

墓地の場所

自宅から電車と徒歩で約30分。

元のお墓

寺院墓地の累代墓。Fさんの両親と祖父母が埋葬されていた。

費用
（お布施等を除く）

墓じまいと改葬を合わせて約200万円
納骨堂の年間管理費約1.5万円

改葬先

自動搬送式の納骨堂

Fさんの感想

1年に1回ほどしかお墓参りができないことが気になっていたので、自宅近くにお墓を移せたことでホッとしました。元の墓地は寺院墓地でしたが、早めに相談したためか、離檀料などのトラブルもなく、お寺にも墓じまいに協力してもらえました。

本書の表記等について

・本書では、「墓地、埋葬等に関する法律」で使われている用語に基づき、お墓を受け継ぐことを「承継」、受け継ぐ人を「承継者」と記載しています。

・「お墓」「墓地」等の言葉は、墓地の一区画を指すこともあれば、施設全体を指すこともあります。「霊園」の場合は、施設全体を指します。

・本書では、一般的な例を紹介しています。地域性や各家庭の考え方など、さまざまな要因によって捉え方や実施する方法・内容が異なる場合もあります。

1章

臨終から葬儀まで

限られたお別れの時間をよりよいものにするために、葬儀に必要な準備や心構えを知っておきましょう。

葬儀社の選び方

葬儀社は生前に決めておくのが理想

最近では、「終活」に取り組む人が増えています。そのため、葬儀に関しても生前にある程度の準備を済ませたり、家族と話し合っておいたりすることが珍しくなくなってきました。

葬儀をよい形でスムーズに行うためには、早めに葬儀のスタイルなどを決め、葬儀社も選んでおくのが理想です。特に病院で亡くなった場合、遺体を安置する場所へ移すまでにそれほど時間をかけることができません。気持ちにゆとりもないため、あわてて決めてしまって後悔するケースもあるようです。本人が「終活」をしていない場合は、できる範囲の準備を家族が進めておくとよいでしょう。

見積もりは複数の葬儀社に依頼

葬儀社を選ぶ前に決めておきたいのは、希望する葬儀のスタイルと予算です。以前は多くの人が参列する一般葬が主流でしたが、最近では家族葬や一日葬、直葬など、見送り方もさまざま。条件によって会場の規模や必要な費用も変わってきます。費用の目安がわからない場合は、葬儀社のサイトで紹介されているセットプランの料金を参考にしましょう。

条件が決まったら見積もりを依頼し、内容や料金を比較検討します。わからないことがある場合は、メールや電話などで相談を。説明のわかりやすさや担当者の印象など、問い合わせの際の対応も葬儀社選びのヒントになります。

葬儀社を選ぶ際のポイント

●希望する葬儀が可能か

葬儀社の規模や方針によっては、新しいスタイルの葬儀が得意ではなかったり、特別な希望に対応することができない場合もある。

●料金が明確か

プランの内容や見積もりに含まれるものなどがはっきりしているか、予算内に収めるための相談が可能か、などをチェックしておく。

●十分な知識があるか

担当者に、葬儀に関する十分な知識があることも大切。居住地や葬儀のスタイルによっては、地域の慣習などに通じていることも必要。

厚生労働省認定の「葬祭ディレクター」の資格には実務経験も必要。資格を持つスタッフには、知識と経験がある。

●担当者が寄り添ってくれるか

意見や質問をきちんと聞き、わかりやすく説明してくれること、依頼する側の要望に柔軟に対応してくれることなども大切。

十分な説明をせずに契約を急がせたり、押しが強すぎたりする場合は注意が必要。相手に流されず、はっきりと意思表示を。

「葬儀社」にはいくつかのタイプがある

事前の準備が必要なタイプも

葬儀を行う際、欠かせないのが葬儀社です。家族だけで故人を送る小規模な葬儀であっても、専門家のサポートは必要です。「葬儀社」と呼ばれる事業者には、いくつかのタイプがあります。それぞれの利用のしかたや特徴を知り、家族で話し合っておくと、葬儀社を選ぶ際のヒントになります。

①葬儀専門業者

葬儀サービスを専門に行います。全国展開する大手から地元の小さな会社まで、規模はさまざま。得意分野や提供できるサービス内容も異なるので、地域の評判などを聞いたうえで選ぶとよいでしょう。

②冠婚葬祭互助会

加入者が月々積み立てる掛金を葬儀費用にあてるシステム。積立金が満額に達していない場合でも、差額を支払ってサービスを利用することができます。

③協同組合

ＪＡ（農業協同組合）や生協（生活協同組合）には、組合員向けの葬儀サービスがあります。本来は組合員を対象としたものですが、少額の出資金を支払うなどの条件を満たせば、葬儀サービスの利用を目的に会員になることも可能。ただし、地域によってサービス内容に違いがあるので注意が必要です。

④ネット系葬儀社

葬儀の企画と集客・販売を行います。主にインターネット上で葬儀プランを販売し、実際の施行は提携葬儀社が行います。

葬儀社のタイプによる特徴

	よい点	注意が必要な点
葬儀専門業者	●地域密着型の企業は、地元の慣習などにくわしい。 ●地域で長く活動している企業は信頼度が高い。	●会社によって得意分野やサービス内容にばらつきがある。 ●スタッフのサービスの質にばらつきがある。
冠婚葬祭互助会	●事前に費用を準備しておける。 ●会場を多く保有しているところが多く、予算やスタイルに応じて選びやすい。	●費用が比較的高額。 ●積立金だけで費用をまかなえるとは限らない。
協同組合	●費用が比較的低額。	●各地域の組織によってサービス内容が異なる。 ●地域の葬儀社が施行している組合もある。
ネット系葬儀社	●基本の価格設定が割安。	●問い合わせ方法が限られている（電話のみなど）ことがある。 ●実務を担当する葬儀社のレベルがまちまち。 ●実際の見積もり額がサイト上のものと異なることもある。

臨終を告げられたら

病院で亡くなった場合

病院では、医師によって死亡が宣告されると死亡診断書が発行されます。遺体には、看護師がアルコールで体を拭く清拭《せいしき》などの処置を施します。死亡宣告の後、臨終に立ち会った人が、ガーゼなどに含ませた水で故人の唇を軽く湿らせる「末期《まつご》の水」を取ることもあります。

病院の霊安室は、あくまで仮に安置する場所。すでに依頼する葬儀社が決まっている場合はそこに連絡し、遺体の搬送の手続きをします。

葬儀社が決まっていない場合は、病院から業者を紹介してもらいましょう。その業者に葬儀まで任せることもできるし、まずは搬送だけしてもらい、葬儀の依頼先はあらためて考えることも可能です。

搬送を待つ間に、お世話になったスタッフへの挨拶や退院の手続きを済ませます。医師から渡される死亡診断書は、記載内容を確認したうえできちんと保管しておきましょう。

自宅などで亡くなった場合

自宅など医師の立ち会いのない場所で亡くなったときは、かかりつけ医に連絡を。葬儀社などに遺体を安置する際も、医師が死亡を確認して死亡診断書を書くまでは移送することはできません。

介護施設で亡くなった場合は、自宅での例とほぼ同じ。介護施設は医療機関と連携しているので、通常、医師への連絡などは施設側から行われます。

亡くなった直後に行われること

医師による死亡の確認

↓

末期の水

宗教・宗派によっては行わない儀式なので、希望しない場合は病院側に伝える。

↓

看護師による処置

清拭や医療的な処置に加え、メイクや着替えなどのエンゼルケア（死後ケア）が行われることもある。

↓

霊安室での仮安置

↓

搬送の手配

葬儀までの間、安置する場所を決めて搬送の手配をする。

↓

病院への挨拶、退院の手続き

スタッフへの挨拶や会計を済ませ、担当の医師から死亡診断書を受け取る。

エンゼルケアは医療保険の対象外なので、病院や施設によって内容や費用が異なる。葬儀社に依頼することもできる。

葬儀のなるほど!

自宅で亡くなった場合

自宅で亡くなったときは、かかりつけの医師に連絡します。かかりつけ医がいない場合は119番に通報し、状況を説明して指示（病院に搬送する場合と、警察に連絡するべき場合がある）に従います。医師によって死亡が確認されると、死亡診断書（警察に連絡した場合は死体検案書）が発行されます。

訃報の伝え方

すぐに伝えるのは身内と親しかった人

訃報を伝える相手は、大きく2種類に分けられます。亡くなってすぐに知らせたいのは、日頃から付き合いのある親戚や、故人が特に親しくしていた人。中でも、危篤を知らせていた相手には早目に伝えるようにします

葬儀に参列してほしい親戚や友人、仕事関係者などには、葬儀の日程が決まってから連絡します。プライベートな友人・知人に関しては、家族が顔や名前は知っていても連絡先までは知らない、ということも珍しくありません。本当に参列してほしい人に知らせることができなかった、ということのないよう、葬儀の案内を誰に出すかは、生前に本人と話し合っておくのが理想です。

相手に応じてメールなどでの連絡も

すぐに訃報を伝えたい相手には、電話での連絡が基本。深夜や早朝であっても失礼にはあたりません。

電話のほか、最近ではメールやＳＮＳでの連絡も一般的になっています。知らせる内容は、故人の氏名と年齢、亡くなった日、通夜や葬儀の日程と場所、喪主の名前と連絡先など。香典や供花・供物を辞退する場合は、その旨も書き添えましょう。

ただし、中にはメール等での訃報を快く思わない人もいます。相手の年齢やものの考え方、故人との関係性等も考えたうえで連絡手段を選ぶようにするとよいでしょう。

訃報で確実に伝えたいこと

- 故人の氏名
- 享年
- 亡くなった日
- 通夜や葬儀の日程と場所
- 葬儀の宗教・宗派
- 喪主の名前と故人との間柄
- 連絡先
- その他必要事項

**例：香典や供花、供物を辞退したい、
家族葬なので弔問を辞退したい　など**

メールで訃報を知らせる場合の例

件名	田中一子死去のお知らせ❶

田中一子の長男　一男です❷
母・一子がかねてより病気療養中のところ❸
9月1日　85歳にて永眠いたしました
ここに生前のご厚誼に深謝し　謹んでお知らせいたします
なお　通夜ならびに告別式は下記の日程で
仏式の天台宗で執り行います

通夜：9月5日（月）18時～
葬儀・告別式：9月6日（火）11時～12時
場所：○○斎場
　　　○○市本町1-2-3（電話番号　000-123-4567）
喪主：田中一男（長男）
連絡先：000-9876-5432

原則として句読点の使用は避ける。

❶件名は訃報であることがわかるものにする。
❷時候の挨拶等は不要。
❸死因については触れなくてもよい。触れる場合も簡潔に。

「忌み言葉」を使わないように注意

不幸が重なることを思わせる重ね言葉
→たびたび、くれぐれも　など

生死に関する直接的な表現
→死亡、亡くなる、生きていた頃　など

葬儀のスタイルと規模

葬儀のスタイルが多様化している

葬儀といえば日を分けて通夜と葬儀・告別式を行い、家族や親戚、友人、仕事関係者など故人にゆかりのある多くの人が参列するものでした。でも最近では、葬儀のあり方が多様化しています。

選ぶ人が増えているのが、身内だけで行う「家族葬」。通夜を行わない「一日葬」や、儀式を行わずに火葬場で故人を見送る「直葬」「火葬式」と呼ばれるスタイルの葬儀も登場しています。これらと区別するため、多くの人が参列する葬儀は「一般葬」と呼ばれるようになりました。

また、葬儀の多くは故人の信仰に応じて仏式や神道式、キリスト教式などで行われます。ただし最近では、宗教にこだわらないスタイルの葬儀を選ぶ人も増えてきています。

家族側の意見をまとめておく

葬儀会場の選び方や費用は、宗教儀礼の有無や参列者の数、日程によって異なります。葬儀の準備には、あまり時間をかけられないことがほとんどです。葬儀社との打ち合わせをスムーズに進めるため、葬儀の内容は事前に考えておきましょう。

その際に大切なのは、依頼側の意見をまとめておくこと。葬儀に関する考え方は、人それぞれです。「家族葬」「一般葬」といった形式にとらわれるのではなく、「故人をどのように送りたいのか」という視点で考えるようにするとよいでしょう。

おもな葬儀のスタイル

一般葬

家族や親戚のほか、友人や仕事関係者なども参列する。

家族葬

家族や親戚、特に親しかった人など、身内だけで小規模に行う。

基本

日を分けて通夜と葬儀を行う。

一日葬

通夜を行わず、葬儀のみ行う。

家族葬の一形態として選ばれることがほとんど。

直葬

通夜も葬儀も行わず、火葬のみ行う。

身内だけで行われることがほとんど。

葬儀

「お別れの時間」の過ごし方

儀式よりお別れの時間を大切にする傾向が

通夜や葬儀の日程として一般的なのは、亡くなった翌日に通夜、その翌日に葬儀を行う形。でも、家族や親戚の都合が合わない、友引を避けたい、火葬場が空いていないなどの理由で日程が変わることも珍しくありません。特に都市部では火葬場の予約が取りにくいことも多いため、亡くなってから通夜や葬儀までの日数が長くなりがちです。

また、家族葬の広まりによって儀式は小規模になってきていますが、その分、遺族によるお見送りの時間が重視されるようになってきています。故人のために最後にできることとして、遺体を美しく保つケアなどを行うことも増えています。

エンゼルエアも一般的に

亡くなった後のケアとして代表的なものが、エンゼルケア。清拭をした後、衣服を替えたりメイクを施したりします。病院や看取りを行う介護施設でも行いますが、葬儀社でも遺体の状態に応じたエンゼルメイクなどのサービスを提供しています。

安置の期間が特に長い場合などは、エンバーミング（遺体衛生保全）も選択肢のひとつ。遺体の外見も整えることができるため、生前に近い姿でお別れすることが可能になります。

最近では、遺体を棺に移す「納棺の儀」を大切にする人も増えており、エンゼルケアから納棺まで、専門の納棺師に依頼するケースもあります。

亡くなってから火葬までの時間

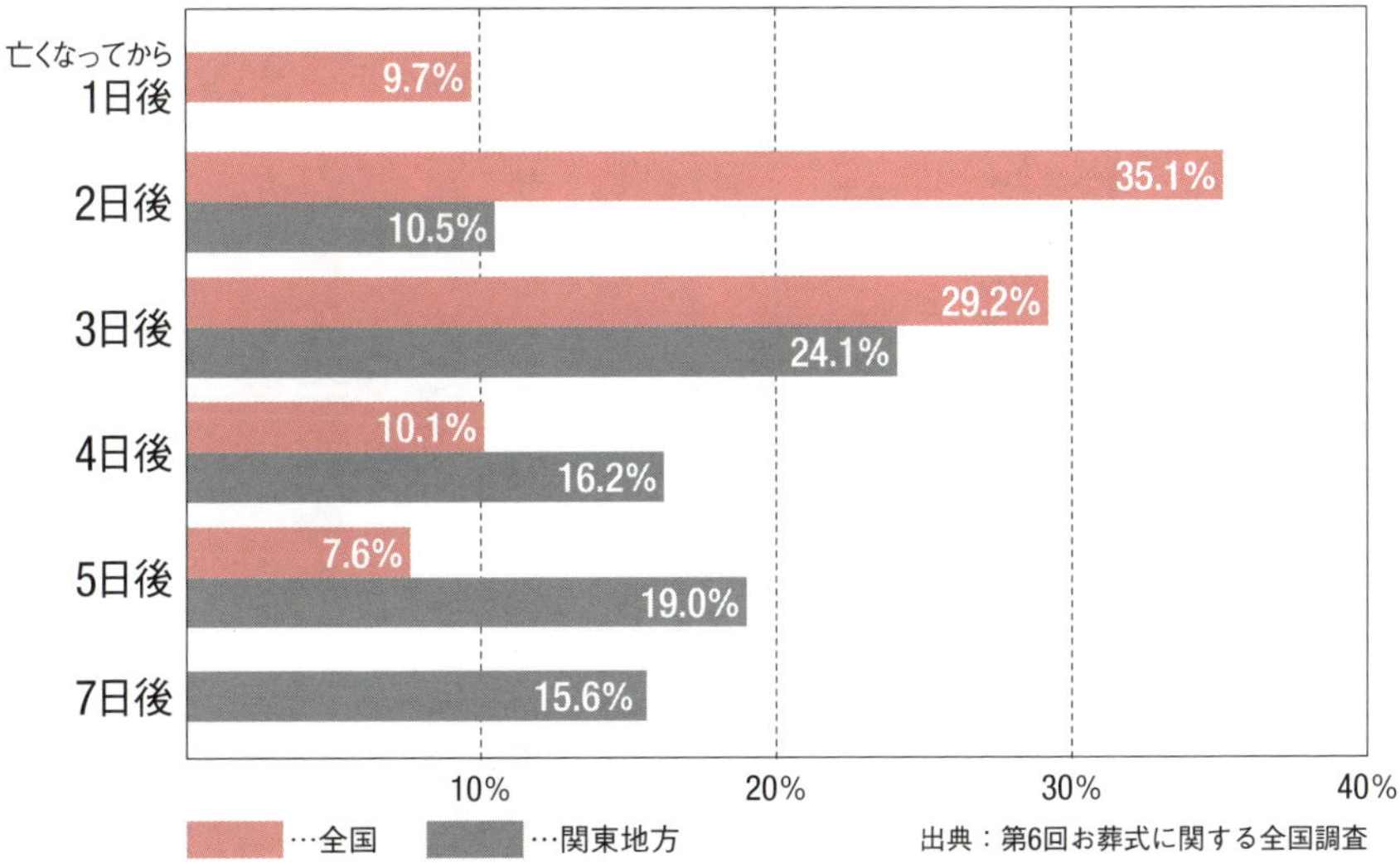

「納棺の儀」の例

末期の水	ガーゼなどに含ませた水で故人の口元を湿らせる。
↓	
湯灌《ゆかん》	清拭などを行い、遺体を清める。
↓	
髪を整え、メイクを施す	生前の故人の姿に近づける。
↓	
衣服を替える	死装束のほか、好きな衣服を選べることもある。
↓	
遺体を棺に移す	家族が中心になって行うことが多い。
↓	
副葬品を納める	棺に入れてはいけないものもあるので、事前に確認しておく。

葬儀社との打ち合わせ

必要なサービスを見きわめる

葬儀社との打ち合わせでは、通夜や葬儀の日時と場所、利用するサービス、葬儀の流れなどを決めていきます。多くの場合、葬儀に必要な一式をまとめたセットプランが用意されています。ベースとなるプランを決めたうえで選択肢があるものは選び、希望に応じてオプションを追加していく方法が一般的でしょう。

十分な時間もない中、不慣れなことに対応しなければならないのはたいへんですが、葬儀社に丸投げするのは避けましょう。葬儀社によって、セットプランの内容や価格設定はさまざまです。依頼する側の希望があいまいな場合、割高なプランや特に必要ではないオプションサービスを勧められることが珍しくありません。提示された内容をきちんと確認し、わからないことは納得できるまで質問を。不要なサービスなどは、遠慮せずに断りましょう。

打ち合わせは複数人で

打ち合わせを効率よく進めるためには、葬儀にかけられる予算を最初に提示することも有効です。また、故人の遺志による希望など、譲れない部分についてもはっきり伝えておきましょう。

身内が亡くなった直後は、悲しみやあわただしさから気持ちが乱れがち。必要なことをきちんと確認し、言うべきことは言えるよう、葬儀社との打ち合わせにはふたり以上で臨むとよいでしょう。

打ち合わせのポイント

●セットプランの内容を確認する

セットプランに含まれるもの・含まれていないものを確認します。数段階のグレードがあるものに関しては、どこがどのように違うのか、正確に把握してから選びましょう。

●不要なものは断る

葬儀社から勧められても、必要ないと思う場合は断ります。葬儀社に任せてしまうと高額なプランを選ぶことになったり、オプションが増えたりすることがあるので注意が必要です。

●予算を伝える

葬儀にかけられる金額が決まっているなら、最初に伝えておきます。予算に見合わないプランなどを選択肢から外すことができるため、打ち合わせがスムーズになります。

●条件を伝える

故人の遺志によるものや家族の強い希望など、譲れない条件がある場合は、はっきり伝えます。依頼側の希望がわかることで、葬儀社側もその他の提案がしやすくなります。

●ひとりで対応しない

葬儀社のペースで話が進んでしまうのを避けるため、遺族側はふたり以上で対応するのがおすすめ。できれば、葬儀の経験がある身内に立ち会ってもらうと安心です。

葬儀

菩提寺への連絡

通夜や葬儀の日程を相談する

仏式の葬儀を行う場合、原則として菩提寺の僧侶に読経を依頼します。葬儀社との打ち合わせ前にお寺に連絡し、通夜や葬儀の日程を相談しましょう。枕経《まくらぎょう》（遺体の枕元でお経をあげる儀式）を依頼する場合も、このときにします。納棺の直前や通夜の前など、枕経をあげるタイミングはさまざまです。

菩提寺が遠方にある場合も、まずは菩提寺に連絡を。宿泊先などを用意したうえで僧侶に来てもらうほか、近くにある同じ宗派のお寺を紹介してもらえることもあります。

菩提寺がない場合は、葬儀社に相談しましょう。宗派に合わせて、僧侶を手配してもらえます。

戒名は菩提寺から授かる

葬儀の後、寺院墓地に納骨する場合は、菩提寺の僧侶によってつけられる「戒名《かいみょう》」が必要です。葬儀の読経を菩提寺以外のお寺に依頼する場合も、戒名は菩提寺から授かるようにしましょう。戒名とは仏の弟子としての名前のことで、浄土真宗では「法名《ほうみょう》」、日蓮宗では「法号《ほうごう》」と呼ばれます。

戒名をつけてもらう際は、戒名料（お布施）が必要です。戒名には仏弟子としての位などを表す文字が含まれており、ランクが上がるほど戒名料も高額になるのが普通です。

仏式の葬儀を行う場合でも、寺院墓地以外のところに納骨するなら、戒名がなくても問題ありません。

一般的な戒名の構成

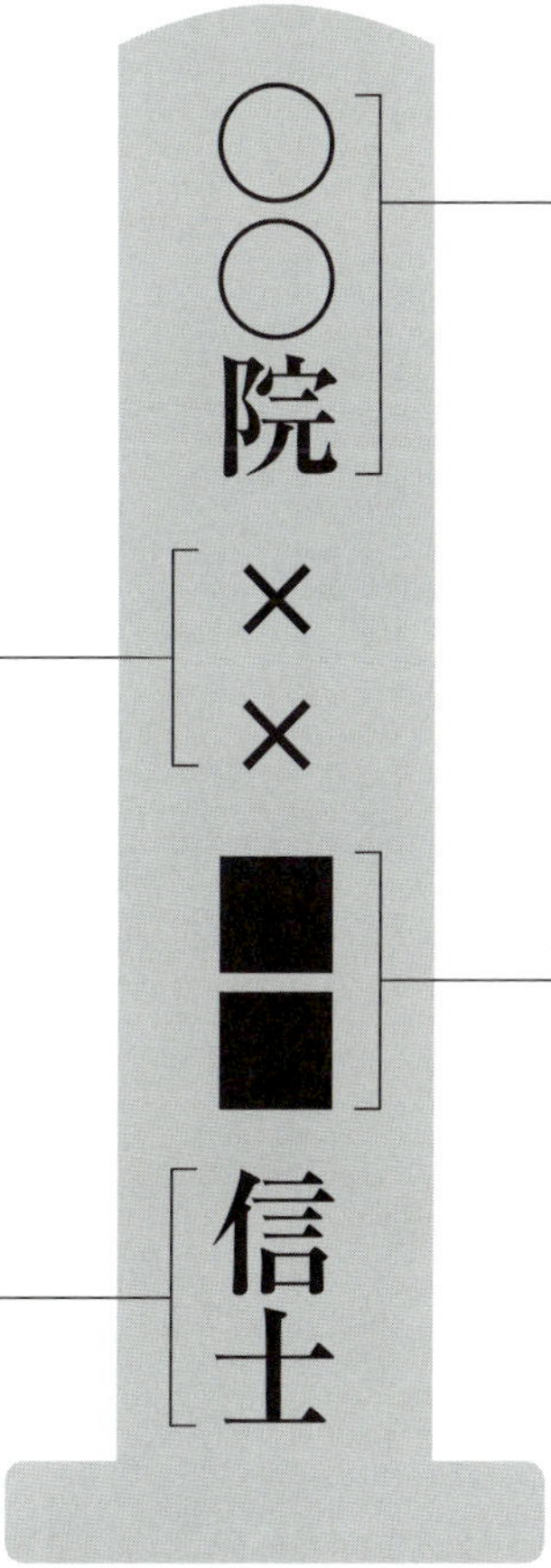

院号
菩提寺に対する功績がある人や社会に貢献した人などに与えられる。

道号
悟りを開いた人に与えらえる称号。故人の人柄や職業、趣味などを連想させるものをつけることが増えている。

本来の戒名は2文字だが、院号、道号、位号などを含めて「戒名」と呼ばれることが多い。

戒名
仏の弟子としての名前。漢字2文字でつけられる。

位号
仏教徒としてのランクを表す敬称。

位号のランクの例

	[男性]	[女性]
高	大居士	清大姉
	居士	大姉
	大禅定門	大禅定尼
	禅定門	禅定尼
	清信士	清信女
低	信士	信女

戒名のなるほど!

浄土真宗の「法名」

浄土真宗の法名で使われるのが、「釈号《しゃくごう》」です。院号の後に「釈○○」と続き、位号は用いられません（女性は「釈尼○○」とすることもある）。「○○」の部分は故人の名前などからとることが多くなっています。

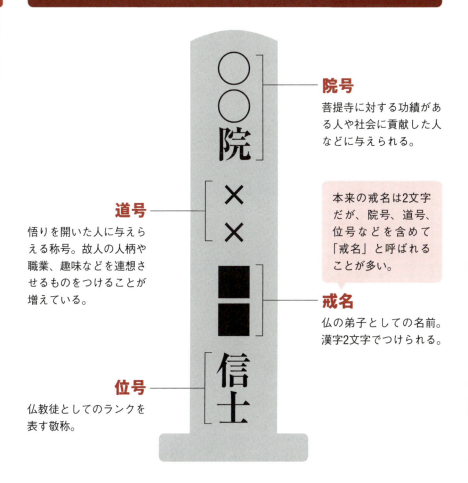

葬儀

葬儀に必要な手続き

死亡届の記入と提出

医師から渡される死亡診断書は、Ａ３サイズの書類の右半分。左半分は死亡届になっています。死亡診断書は医師が記入しますが、死亡届には遺族などの届出人が記入します。

死亡届は、亡くなってから7日以内に市区町村役場に提出することが義務づけられています。受理されないと火葬が認められないため、葬儀の前に届け出を済ませておく必要があります。

死亡届の作成は、「届出人」となる家族や同居人などに限定されていますが、役所への提出は葬儀社が代行することが多いようです。死亡届は保険金の請求や公的年金の手続きなどをする際にも必要な場合があります。提出する前に、少し多めにコピーをとっておくとよいでしょう。

火葬許可証の申請

死亡届の提出と同時に、火葬許可証の申請を行います（申請が不要な自治体もある）。火葬許可申請書の届出人は、死亡届と同じ人に。申請書は市区町村役場の窓口のほか、自治体のホームページからダウンロードできる場合もあります。申請書には火葬する日を記入しなければならないため、このときまでに葬儀などの日程を決めておく必要があります。

書類に不備がなければ、その場で火葬許可証（埋火葬許可証）が発行されます。火葬の際に必要なので、きちんと保管しておきましょう。

市区町村役場での手続き

死亡届	死亡診断書
遺族（届出人）が記入する。	医師が記入済みのものを病院で渡される。

記入すること

- 故人の氏名
- 故人の生年月日
- 死亡した日時
- 死亡した場所
- 故人の住所
- 故人の本籍
- 故人の配偶者の有無
- 死亡したときの世帯のおもな仕事と故人の職業
- 届出人の氏名、住所、本籍、生年月日　など

＋ 同時に行う

火葬許可申請書	原則として遺族（届出人）が記入するが、葬儀社が申請書の作成から申請まで代行する場合も多い。

↓

市区町村役場に提出

↓

死亡届の受理

↓

火葬許可証の発行

提出先

故人の本籍地、故人の死亡地、届出人の住所登録がある土地、いずれかの市区町村役場

＊申請が不要で、死亡届の受理と同時に火葬許可証が発行される自治体もある。

仏式の通夜

夕方から行う半通夜が主流

通夜は故人と最後の時間をともに過ごし、別れを惜しむ儀式です。もともとは家族や親戚が遺体にひと晩寄り添うものでしたが、現在は夕方からの2～3時間で行う「半通夜」が主流になっています。

本来の通夜は故人と関係が深い人のための場であり、一般の弔問客は葬儀に参列するものとされていました。でも、日中に行われる葬儀より通夜のほうが参列しやすいことから、仕事関係者などは通夜だけに参列することが多くなっています。

通夜の後に通夜振る舞いを行う

遺族は早めに通夜の会場に行き、一般の参列者が来場する前に着席します。葬儀社の担当者の案内に従って、祭壇に近いところから故人との関係が深かった順に座りましょう。参列者がそろうと、僧侶による読経が始まります。参列者は、読経が続く間に焼香を行います。

地域にもよりますが、通夜の後、「通夜振る舞い」が行われます。通夜振る舞いは参列者に感謝し、一緒に故人を偲ぶための会食で、お清めや供養の意味合いもあるものとされています。

通夜振る舞いの習慣のない地域や、会場の都合などで行わない場合は、仕出しの弁当やその他の返礼品を渡すのが一般的です。通夜振る舞いには僧侶も招きますが、辞退された場合はお布施とは別に「御膳料」を渡しましょう。

通夜の流れの例

会場へ	喪主と遺族は早めに会場に行き、葬儀社との打ち合わせなどを済ませる。
僧侶への挨拶	僧侶が到着したら喪主が挨拶に出向き、お布施を手渡す。
会場で着席	通夜が行われる会場へは早めに移動し、着席。続いて参列者も着席する。
僧侶の入場・読経	僧侶が入場し、読経を始める。
焼香	参列者による焼香。喪主から始め、遺族・親族、一般参列者の順に行う。
法話	故人を偲び、僧侶が短い法話をする。
僧侶の退場	参列者に見送られて僧侶が退場する。
喪主の挨拶	参列へのお礼を述べ、通夜振る舞いを行う場合は案内をする。
通夜振る舞い	参列者や僧侶と、1時間ほどの会食をする。
僧侶の見送り	僧侶に挨拶し、必要に応じて「御車料（交通費）」などを渡す。

仏式の葬儀・告別式

葬儀と告別式の違い

「葬儀」とは、宗教的な儀式のこと。仏式なら僧侶による読経や焼香によって、故人の冥福を祈ります。これに対して「告別式」は、社会的な儀式。家族や友人など故人にゆかりのある人が、最後のお別れをするためのものです。

本来なら、葬儀を終えた後あらためて告別式を行うものとされていますが、今では葬儀に続けて告別式を行うのが一般的です。

葬儀が終わると僧侶は退席する

葬儀は、僧侶の読経から始まります。この際の読経は、「引導《いんどう》」と呼ばれる場面で締めくくられます（宗派によっては引導がないこともある）。引導は、仏の教えである「法語」を唱えて故人を仏の世界へと送り出すためのものです。

弔辞や弔電の読み上げの後、再び読経が始まり、参列者が焼香を行います。焼香が終わると僧侶は退席して葬儀が終了し、以降は告別式となります。

簡単な閉式の言葉の後、葬儀社のスタッフ主導で、参列者が棺の中に花を入れる儀式などが行われます。参列者全員のお別れが済むと棺の蓋が閉じられ、棺は霊柩車へ移されます。

最後に、喪主が参列者への挨拶をします。遺族は位牌や遺影、花を持って車に乗り込み、その他の参列者は、その場で合掌して火葬場へ向かう霊柩車を見送ります。

葬儀・告別式の流れの例

会場へ	早めに会場に行き、葬儀社との打ち合わせを済ませる。弔電のチェックや、火葬場へ行く人数・交通手段の確認などをする。

↓

僧侶への挨拶 → **会場で着席** → **僧侶の入場・読経**

↓

弔辞の読み上げ	事前に人数を決め、早めに依頼しておく。行われないこともある。

↓

弔電の紹介	事前に決めておいた弔電を読み上げ、その他は名前だけ紹介することが多い。

↓

読経・焼香 → **僧侶の退場**

↓

最後のお別れ	祭壇に飾ってあった花を参列者ひとりひとりが棺に入れ、最後のお別れをする。棺の蓋が閉じられ、霊柩車へ移される。

↓

喪主の挨拶	参列者へのお礼を述べる。

↓

出棺	参列者に見送られて火葬場へ向かう。

神道式・キリスト教式の葬儀

神道式の葬儀

神道式の葬儀の場合、通夜に当たるのが「通夜祭《つやさい》」と「遷霊祭《せんれいさい》」です。通夜祭では、神職が祭詞《さいし》（神に祈りを捧げる神聖な言葉）を唱え、参列者は玉串（榊の枝）を捧げて祈ります。通夜祭に続く遷霊祭では、故人の魂を体から霊璽《れいじ》（仏式の位牌にあたるもの）に移す儀式が行われます。

通夜祭・遷霊祭の翌日に行われるのが「葬場祭《そうじょうさい》」。仏式の葬儀・告別式にあたります。儀式の流れは通夜祭とほぼ同じですが、弔辞や弔電の読み上げなども行われます。その後、自宅に戻って霊前に儀式の終了を報告し、神職や葬儀を手伝ってくれた人をもてなす「直会《なおらい》（会食）」を行います。

キリスト教式の葬儀

キリスト教では、葬儀より臨終の前後に行われる儀式が重視されます。原則として、カトリックでは本人の意識があるうちに「病者《びょうしゃ》の塗油《とゆ》（終油）の秘跡」、臨終の際に「聖体拝領《せいたいはいりょう》」を行い、プロテスタントでは臨終の際に「聖餐式《せいさんしき》」を行います。

キリスト教の通夜は日本の習慣に合わせて始められたもので、聖書の朗読や献花などを行います。カトリックの場合、葬儀当日には「葬儀のミサ（礼拝）」が行われ、その後、あらためて告別式を催すことが多いようです。プロテスタントの場合は葬儀と告別式を続けて行うことが多く、火葬を終えた後、会食の席を設けることもあります。

神道式の葬儀の流れの例

通夜祭～遷霊祭 仏式の通夜にあたる。
↓
葬場祭 仏式の葬儀・告別式にあたる。

キリスト教式の葬儀の流れの例

亡くなる前に行う儀式

[カトリック]

病者の塗油（終油）の秘跡
神父に告解し、罪の許しを乞う。
↓
聖体拝領
臨終を迎えた人に神父がパンとワインを与え、祈りを捧げる。
↓
納棺式
神父が立ち会って行う。
↓
通夜の集い
↓
葬儀のミサ
↓
告別式

[プロテスタント]

聖餐式
臨終を迎えた人に牧師がパンとワインを与え、祈りを捧げる。
↓
納棺式
牧師が立ち会って行う。
↓
前夜式
仏式の通夜にあたる。
↓
葬儀・告別式

無宗教の葬儀

自由なスタイルの葬儀を選んでも

日本では、特定の信仰を持たない場合も仏式での葬儀が主流ですが、宗教や宗派にとらわれないスタイルもあります。無宗教の葬儀には決まった流れがないことから、「自由葬」とも呼ばれています。

無宗教の葬儀を選ぶ際に注意したいのは、故人の遺志をきちんと反映すること。葬儀に関する考え方は人それぞれです。故人の思いを尊重し、人柄などが偲ばれる葬儀にすることを心がけましょう。

実績のある葬儀社を選ぶとスムーズ

無宗教の葬儀では、読経の代わりに黙禱、焼香の代わりに献花が行われることが多くなっています。その他、動画やスライドの上映など、家族と参列者がともに故人を偲ぶための時間が設けられます。

宗教的なルールがないので自由度は高くなりますが、いわゆる「セットプラン」のような決まった形がないため、考えたり決めたりしなければならないことも増えます。納得できる葬儀にするためには、葬儀社の担当者としっかりコミュニケーションをとることが大切。一般的な葬儀とは準備や進行のしかたが異なるので、できれば無宗教の葬儀の実績がある葬儀社に依頼すると安心です。

寺院墓地にお墓がある場合は仏式の葬儀を求められることがあるので、事前に菩提寺に確認を。仏式であっても、音楽を流す、動画やスライドの上映をするなど、自由度の高い演出は可能です。

無宗教の告別式の例

内容や流れに決まりはないが、仏式の葬儀の流れに沿って行われることが多い。

開式の言葉　進行役が告別式の開始を告げる。

儀式の流れを作る僧侶などがいないので、進行役が必要。

↓

黙禱　参列者全員で、黙禱を捧げる。

↓

故人の経歴紹介・スライド等の上映　進行役が故人の経歴を紹介し、思い出の動画や写真をまとめたものを上映して故人を偲ぶ。

↓

BGMや祭壇の装飾なども、故人の好みに合わせて工夫するとよい。

↓

弔辞・弔電の紹介　代表者からの弔辞や、弔電を紹介する。

↓

献花　参列者ひとりひとりが献花を行う。

↓

遺族の挨拶　遺族の代表者が、参列者に感謝を伝える。

↓

閉式の言葉　進行役が告別式の終了を告げる。

↓

出棺

火葬場での流れと収骨

火葬炉の前で最後のお別れをする

火葬場では、火葬炉の前にいったん棺を安置し、位牌と遺影を飾ります。僧侶が同行している場合は短い読経を行い、参列者が焼香します。僧侶が同行しない場合は、焼香のみを行います。その後、火葬炉の中に納められる棺を合掌して見送ります。

火葬には1~2時間かかるので、それまでは控室で待機します。遺族は、お茶やお菓子で参列者をもてなします。僧侶が同席している場合は、僧侶に上座を勧めるのがマナーです。

火葬の際には、市区町村役場が発行した「火葬許可証」（38ページ）が必要ですが、火葬場への提出は葬儀社が代行することがほとんどです。火葬許可証を遺族が保管している場合は、葬儀の前に葬儀社のスタッフに渡しておくとよいでしょう。

参列者の手で遺骨を骨壺へ

火葬が終わったら、別室へ移動して「収骨（拾骨）」を行います。収骨とは遺骨を骨壺に収めることで、「骨上げ（骨揚げ）」ともいいます。それぞれが長い箸を持ち、ふたりでひとつの骨を拾って骨壺へ移していきます。収骨の方法は地域によって違いがあるので、火葬場のスタッフの指示に従いましょう。

収骨が終わると、骨壺と火葬済みの証印付きの火葬許可証が遺族に返還されます。この書類は埋葬を許可するものとして納骨やお墓の移転の際に必要なので、きちんと保管しておきましょう。

火葬場での流れ

火葬場に火葬許可証を提出	葬儀社のスタッフが代行することが多い。
火葬炉の前でのお別れ	火葬炉の前に棺を安置し、位牌や遺影を飾る。 読経や焼香を行い、最後のお別れをする。
火葬	
控室で待機	お茶やお菓子が必要なので、火葬場で用意できない場合は事前に購入して持っていく。 葬儀のプランに含まれていることもあるので、事前に葬儀社に確認しておくとよい。
収骨	遺骨を骨壺に収める。
遺骨と証印付きの火葬許可証が渡される	

葬儀のなるほど!

分骨を希望する場合

葬儀社を通して事前に火葬場に伝えておくと、分骨用の骨壺も用意してもらうことができます。収骨の際にすべての骨壺に遺骨を収め、「分骨証明書」を受け取ります。分骨証明書は複数の場所に納骨するときに必要な書類です。

香典返しの選び方と贈り方

香典返しは半返しが目安

香典返しとは、葬儀の参列者に香典のお礼として品物を贈ることです。四十九日の法要を終えた後、忌明け（喪に服す期間が終わること。地域や宗派によって異なる）の挨拶状を添えて贈るものとされていましたが、最近では、通夜や葬儀の際に挨拶状とともに手渡しする「即日返し」が主流になっています。

香典返しの相場は、香典の3分の1～半分ほど（半返し）とされています。一般の参列者の香典は5000円程度のことが多いので、2000～3000円を目安に品物選びをするとよいでしょう。

即日返しの場合、香典の金額にかかわらず参列者全員に同じものを渡すことになります。香典が高額だった人には、忌明けの法要後にあらためて品物を贈りましょう。その際の返礼品は、即日返しの品との合計額で半返しになるようなものを選びます。

香典返しをしなくてもよい場合

香典には、身近な者同士で葬儀費用を援助し合う意味もあります。そのため、家計を支える世帯主が幼い子どもを残して亡くなったときなどは、香典返しを省略してもよいとされています。また、故人の遺志で香典を寄付したり、遺族が香典を辞退したりした場合もお返しは必要ありません。

ただし、香典返しをしなくても挨拶状は欠かせません。参列へのお礼に加え、香典を寄付などにあてた場合はその旨も書き添えましょう。

香典返しの贈り方

	贈る時期	贈り方
忌明けに贈る場合	四十九日の法要を終えてから1か月以内。 ＊忌明けとなる期間は地域によって異なる。	香典の金額の半返しを目安に、ひとりひとりに挨拶状を添えて品物を発送する。
即日返しの場合	通夜や葬儀の当日。	2000 ～ 3000円程度の品物を用意しておき、挨拶状を添えて全員に手渡しする。

香典返しに適した品物

「不祝儀を残さない」という考えから、香典返しには、食べたり使ったりすることでなくなるお菓子や洗剤などの「消えもの」がよいとされている。

香典が高額だったら

忌明けの法要を終えてから1か月以内に、あらためて品物を贈る。即日返しの品との合計額が半返しにあたる金額を目安にする。

例：香典が3万円、即日返しの品が3000円だった場合

香典の1/3～1/2 － 即日返しの品

＝ 7000～1万2000円ほどの品

葬儀のなるほど!

会葬返礼品と香典返しは別のもの

通夜や葬儀の際、参列者全員に渡されるのが会葬返礼品。香典の有無には関係なく、500円程度のハンカチなどに礼状を添えて配るのが一般的です。ただし、家族葬など小規模な葬儀では会葬の礼状のみの場合も多くなってきています。

身近な人だけで送る　家族葬

一般葬との違いは参列者の範囲と人数

家族葬とは、故人の家族や親戚など、身近な人だけで行う小規模な葬儀のこと。明確な定義があるわけではなく、家族に加えて親しかった人などが参列することもあります。

以前は友人・知人や仕事関係者なども参列する伝統的なスタイルの葬儀（一般葬）が多数を占めていましたが、コロナ禍による行動規制などの影響もあり、今では家族葬を選ぶ人の割合が増えています。

家族葬と一般葬の違いは、参列者の範囲と人数。家族葬でも、一般葬と同様に通夜と葬儀・告別式を行うことが多いようです。規模は小さくなりますが、儀式の内容は一般葬とほぼ同じなので、手間や費用が大幅に軽減されるわけではありません。

お別れの時間が心のこもったものに

家族葬のいちばんのメリットは、故人をよく知る人だけでお別れができることでしょう。遺族が参列者への対応に追われることもなく、心を込めて見送ることができます。

ただし、家族葬ならではの難しさもあります。そのひとつが、どの範囲まで訃報を伝えるか？ということ。小規模に行うためには葬儀の案内をする相手を絞り込みたくなりますが、「迷ったら知らせる」ようにしたほうが安心です。その際、家族葬であることも伝えておけば、遺族の気持ちを察して「あえて参列しない」という選択をする人もいるでしょう。

行った葬儀の種類

●2024年

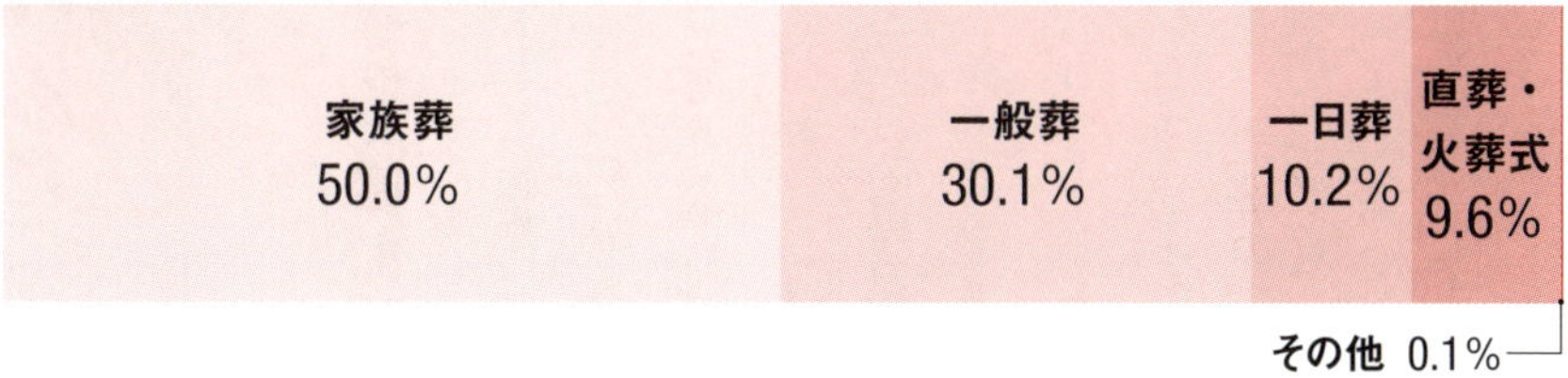

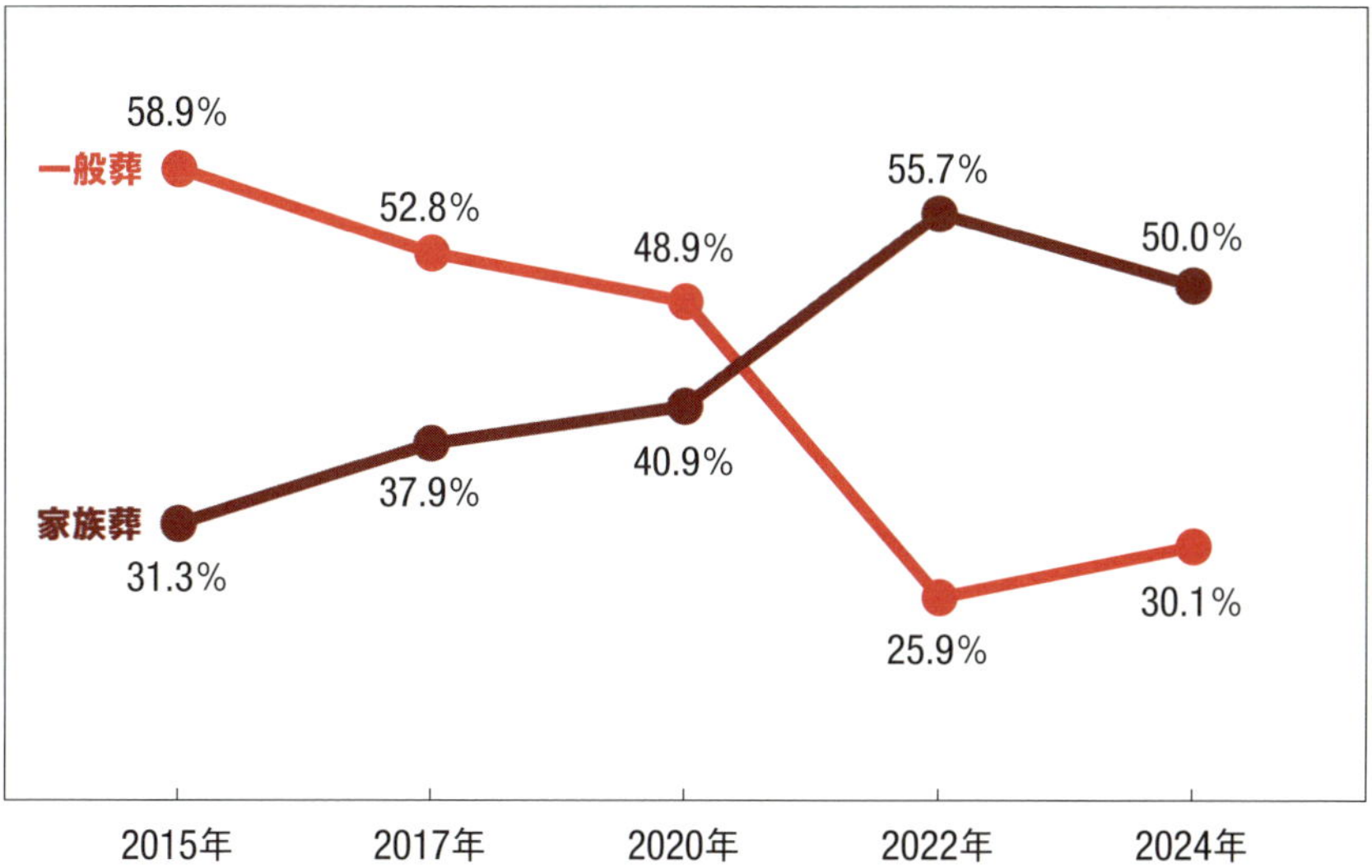

出典：第6回お葬式に関する全国調査

葬儀

通夜を行わない　一日葬

葬儀から火葬までを一日で行う

一般葬でも家族葬でも、通夜の翌日に葬儀・告別式を行うスタイルが主流です。これに対して、通夜を行わず、葬儀・告別式から火葬までを一日で行うものが「一日葬」と呼ばれます。

一般葬と一日葬の違いは、通夜の有無。葬儀・告別式から火葬までの流れは同じです。家族葬として小規模に行われることが多いようですが、参列者を制限せずに行うことも可能です。

参列者のことも考えてプラン選びを

一日葬は通夜を行わないぶん遺族の負担が軽く、費用も抑えることができます。葬儀の前日を故人とお別れする時間にあてられることもあり、一日葬を選ぶ人は年々増えています。

ただし葬儀を簡略化することになるため、お寺にお墓がある場合は、事前に菩提寺に許可を得ておく必要があります。また、現在では、故人とそれほど関係の深くない人は仕事帰りに立ち寄れる通夜に参列することが増えています。一日葬は日中に行うことが多いため、家族や親戚以外の人は参列しにくくなります。

仕事関係者などにも参列してもらいやすい一日葬として、夕方から始まるプランも登場しています。葬儀から火葬までは家族や身近な人だけで済ませ、夕方から友人・知人も参列する告別式を行うなど、式の流れが工夫されてきています。

一日葬の特徴

●時間と費用を節約できる

儀式が1日で終わるため、準備などにかかる負担が軽く、費用も抑えることができる。

注意!

通夜を行わなくても、葬儀・告別式の準備は前日から始まるため、会場費は2日分かかることが多い。

●故人と静かに過ごす時間を持てる

通夜を行わないぶん、遺族がお別れをする時間を十分に確保することができる。

●日中に行うため参列できない人も

故人との関係が深くない人は、日中の葬儀・告別式には参列しないことも多い。

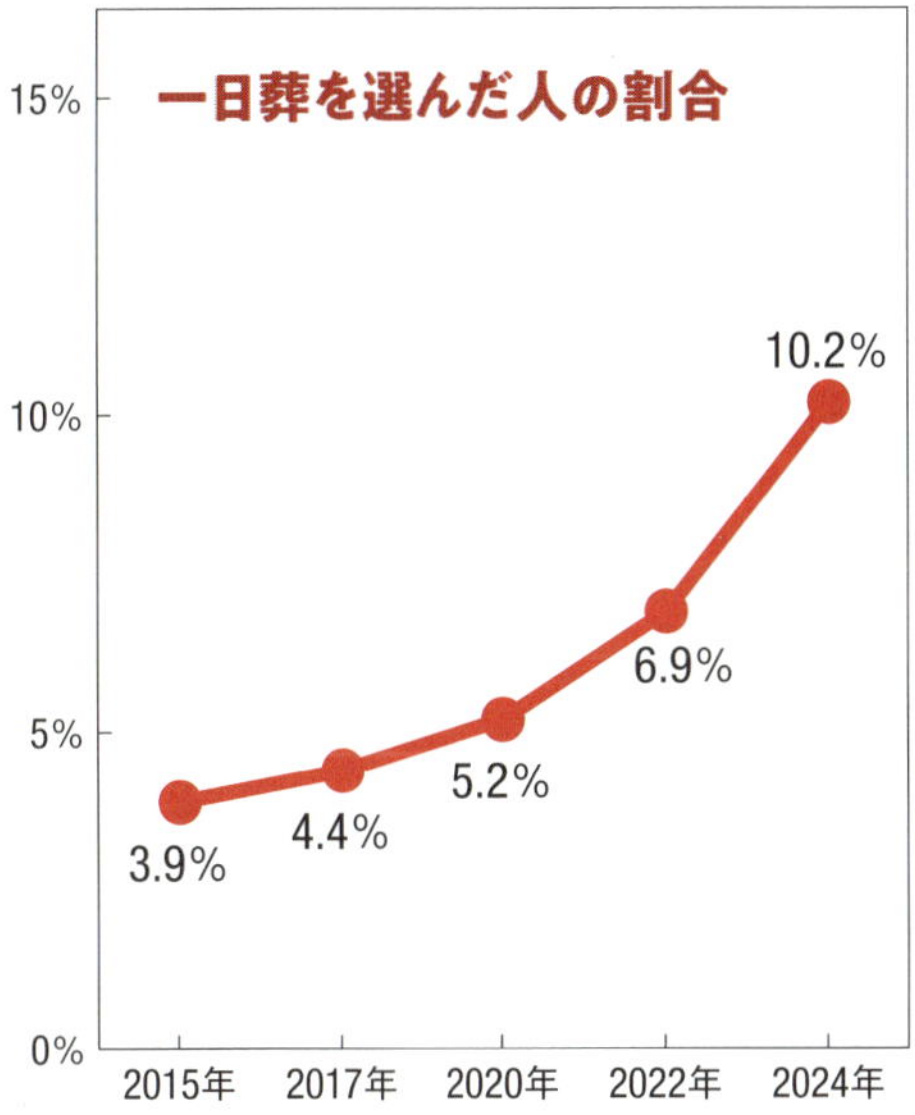

出典：第2～6回お葬式に関する全国調査より作成

夕方から告別式を行う一日葬の例

日中 家族や親戚のみ参列

●葬儀
●火葬～収骨
●会場に戻る

夕方 一般の参列者を迎える

告別式

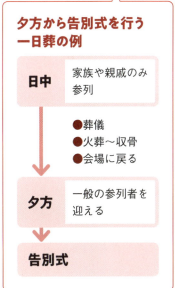

通夜も葬儀も行わない 直葬

火葬炉の前でお別れをする

直葬（火葬式とも呼ばれる）とは、通夜や葬儀・告別式といった儀式を一切行わず、火葬だけを行うものです。コロナ禍で人が集まる儀式を行いにくかった時期に利用者が一気に増えましたが、その後はやや減少しています。

直葬の場合、遺体は安置されていた場所から直接、火葬場へ移送されます。遺族とのお別れの場所は、火葬炉の前。火葬場の係員の指示で焼香し、手を合わせます。事前に葬儀社に相談し、火葬場の許可が得られれば、僧侶による読経が行われることもあります。いずれの場合も、お別れにかけられる時間は5～10分程度です。

直葬の場合も葬儀社に依頼を

直葬は、家族や親戚、特に親しかった人などだけで小規模に行われることがほとんど。シンプルな葬儀なので費用を抑えることはできますが、儀式は行わなくても火葬までの遺体の安置や納棺、行政上の手続きなどが必要なため、葬儀社を手配してプロの手を借りるのが確実です。また、寺院墓地にお墓がある場合、事前に菩提寺の許可を得ておかないと納骨を断られる場合もあります。

最近では、時間をかけて納棺を行ったり棺の周りを花で飾ったりするなど、火葬のみの葬儀にもバリエーションが増えています。出棺前に、安置室で簡単なお別れ式を行うプランなども登場しています。

直葬の流れ

遺体を安置

自宅、葬儀社、火葬場が併設されている斎場など。

亡くなってから24時間経たないと火葬の許可が下りないので、安置する場所が必要。

↓

火葬場へ

火葬炉の前でお別れをする。読経を希望する場合は、葬儀社に伝えておく。

お別れにかけられる時間は5～10分ほど。

↓

収骨

↓

帰宅

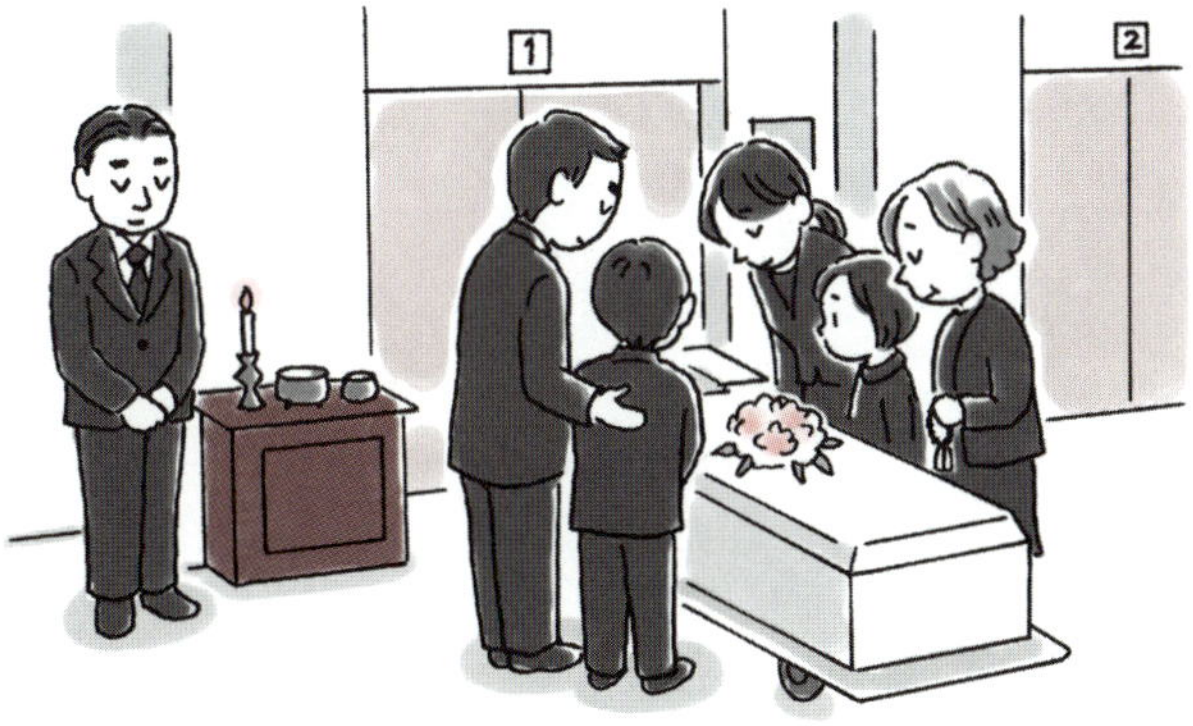

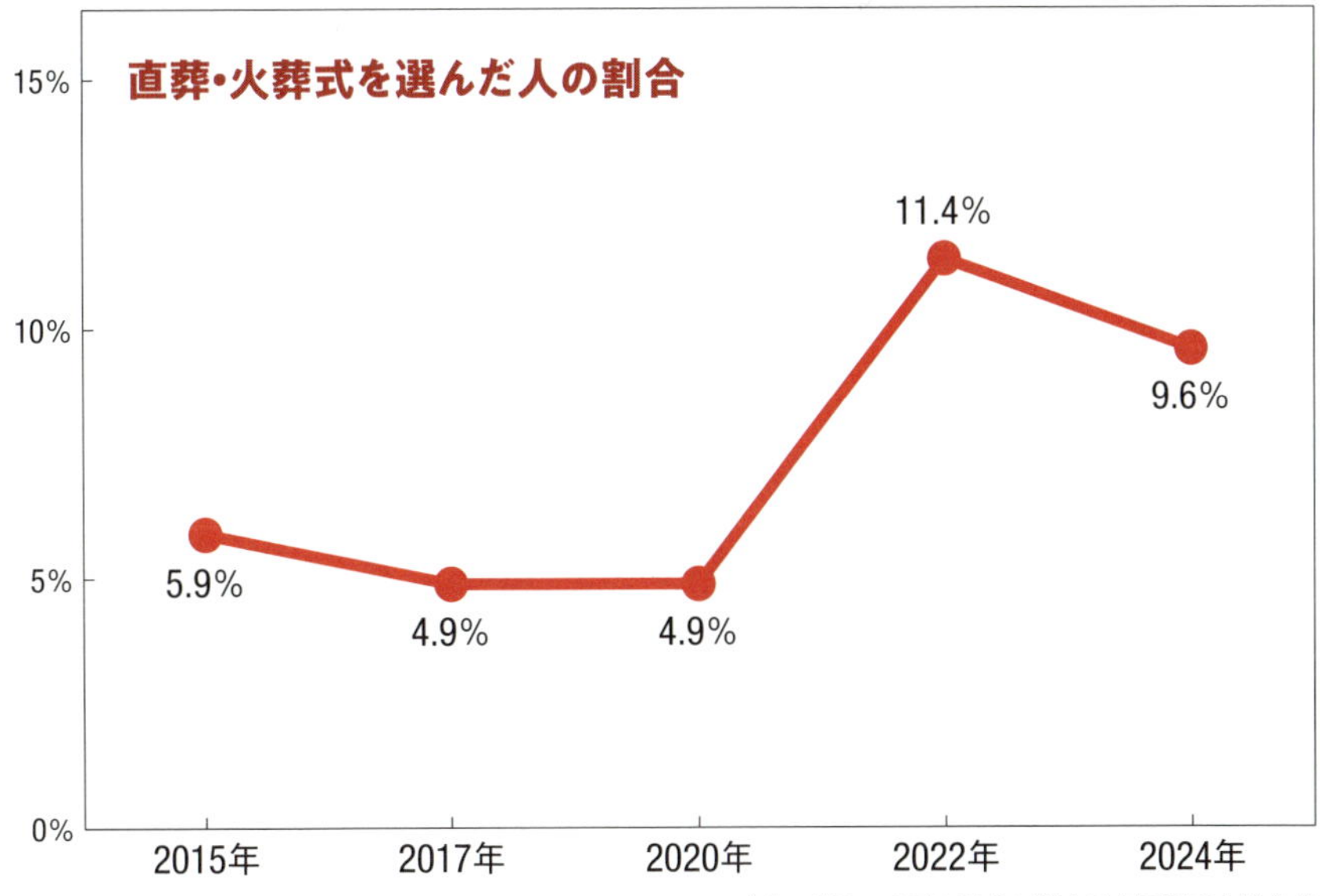

出典：第2～6回お葬式に関する全国調査より作成

葬儀にかかる費用

葬儀に必要な費用の内訳を知っておく

葬儀にかかる費用は、大きく4つに分けられます。

①通夜・葬儀などの儀式と関連費用

葬儀社に支払う費用で、必要なものが組み込まれたセットプランになっていることがほとんどです。セットに含まれているのは遺体の搬送から安置、通夜や葬儀を行う会場や火葬場の利用料金、祭壇の設営費などで、内容は葬儀社によって異なります。契約前にプランの内訳を確認しておきましょう。

②僧侶へのお布施

仏式の葬儀の場合、通夜・葬儀で読経してもらったり、戒名を授けてもらったりするためのお布施が必要です。お布施に加えて、御車代（交通費）や御膳料（通夜振る舞いなどに僧侶が参加しない場合、代わりに渡すお礼）がかかることもあります。

お布施は、僧侶への感謝の気持ちを表すもの。金額に決まりはなく、お寺との付き合いの深さや地域の慣習もかかわってきます。迷った場合は、菩提寺に聞いてみるとよいでしょう。

③飲食費

通夜や葬儀の後の会食（通夜振る舞いや精進落とし）の費用です。

④返礼品費

香典返しや会葬返礼品の費用です。プランに含まれるものの中には数量や期間に応じて価格が変わるものもあります。見積もりを見る際には、総額に加えて内訳も確認しておきましょう。

葬儀の平均価格

●2024年

*0.1万円のズレは小数点第2位以下の和によるもの

出典：第6回お葬式に関する全国調査

葬儀の種類別・費用の総額（平均）

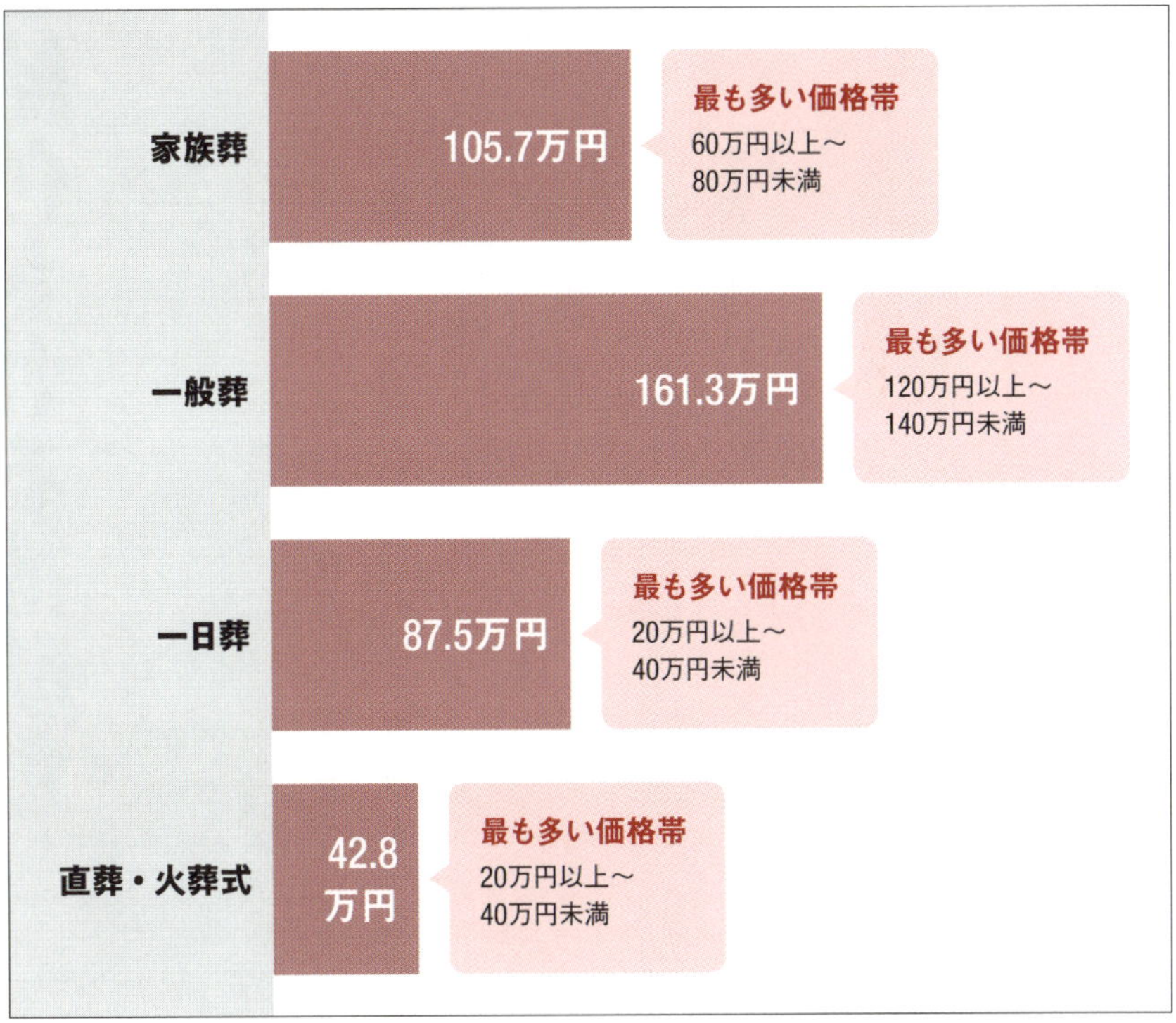

出典：第6回お葬式に関する全国調査

葬儀費用の抑え方と給付される補助金

儀式の規模などを見直して費用を抑える

葬儀を依頼するときは、希望に近いセットプランを選んだうえで、必要に応じてオプションサービスを追加したり内容をランクアップしたりしていくことになります。葬儀社によってプランの内容や基本料金の設定のしかたが異なるため、複数の葬儀社から見積もりを取って比較してみるとよいでしょう。

葬儀費用を大きく左右するのが、参列者の人数です。葬儀の規模が大きくなるほど広い会場が必要になり、参列者の数に応じて飲食費や返礼品費などもかかります。

葬儀の費用を抑えたい場合は、祭壇や花といった葬祭用品や、飲食費のランクを見直すことも有効です。オプションサービスについても、本当に必要かどうかチェックしてみましょう。予算が決まっている場合、葬儀社の担当者に前もって伝えておくとスムーズです。

健康保険から給付される補助金も

故人が健康保険に加入していれば、喪主となった家族などに「葬祭費（名称は加入先によって異なる）」が給付されます。受給するためには申請が必要で、死亡診断書のコピーや葬儀にかかった費用がわかる領収書などの提出も求められます。

ただし、儀式を行わない直葬を選んだ場合は注意が必要です。「葬祭」と認められず、葬祭費の申請ができない場合もあるようです。

葬儀の後に給付される補助金

故人の加入先	・国民健康保険 ・後期高齢者医療制度	・勤務先企業や団体の健康保険組合 ・共済組合（公務員など）
給付金の名称	葬祭費	埋葬料 ＊実際は埋葬（納骨）ではなく、葬儀に関する給付。
給付の対象者	喪主など葬儀を行った人	故人によって生計が維持され、喪主などとして葬儀を行った人
金額	2～7万円程度 （自治体によって異なる）	5万円
申請先	市区町村役場	加入している健康保険組合や社会保険事務所
申請期限	葬儀が行われた日から 2年間	亡くなった翌日から 2年間

埋葬料の受給者がいない場合は埋葬を行った人への「埋葬費」、故人が被扶養者だった場合は「家族埋葬料」の給付対象となる。

申請に必要なもの

- 支給申請書
- 故人の健康保険証や後期高齢者医療保険証、介護保険証、マイナンバーカードなど
- 亡くなったことを確認できる書類（死亡診断書や証印付き火葬許可証などのコピー）
- 葬儀にかかった費用がわかる領収書
- 申請者の身分証明書　など

＊申請する給付金によって必要なものが異なるので、申請先に確認する。

葬儀費用の支払い

葬儀費用は後払いが主流

葬儀社によって異なりますが、葬儀費用は後払いであることがほとんど。返礼品など参列者の人数によって数量が変わるものがあり、葬儀を終えてからでないと正確な金額を提示できないからです。葬儀の後、請求書が届いてから1週間~10日後に支払期限が設定されていることが多いようです。

ただし葬儀社によっては、葬儀を依頼した時点で料金の一部を前払いする場合もあります。打ち合わせなどの際に、支払いのシステムについても確認しておくと安心です。

支払い方法は現金（手渡しや振込み）のほか、クレジットカードにも対応するところが増えています。クレジットカードで支払う場合、分割払いやボーナス払い、リボ払いなどを利用することもできます。

手元に葬儀費用がない場合

葬儀社の中には、葬儀ローンに対応しているところもあります。葬儀ローンとは、喪主が金融機関などからお金を借りて葬儀費用にあてることができるシステムです。ただし、利用するためには職業や年収、勤務先への勤続年数、年齢などの条件があり、審査を通った場合だけ融資を受けられます。

また、「預貯金仮払い制度」を使えば、相続の手続き前でも故人の預金を葬儀費用にあてることができます（175ページ）。制度を利用する際の手続きは、金融機関や家庭裁判所で行います。

葬儀費用の支払いのポイント

●請求書は内訳もチェック

請求書が届いたら、見積書と突き合わせて内容と金額を確認する。返礼品などは、実際に利用した分と数が合っているかどうかもチェックする。

●葬儀の後、10日以内に支払うことが多い

葬儀社への支払いは、請求書が届いてから7～10日以内に行うことが多い。見積もりを取った時点で支払い方法などを決め、準備しておくと安心。

●お布施は通夜や葬儀の当日に手渡す

僧侶へのお布施や、御車代、御膳料などは、通夜や葬儀が始まる前に手渡すのが一般的。御車代や御膳料は、お布施とは別に包むようにする。

●ローンを利用したり相続財産から支払ったりする方法も

審査に通れば、葬儀のためのローンを組むことも可能。一定の手続きをすれば、故人の預金を葬儀費用にあてることもできる。

葬儀の困った!

お布施の金額も記録しておく

葬儀の費用を相続財産から支払う場合、何にいくらかかったかを証明する必要があります。お寺に頼んで領収書を発行してもらうこともできますが、言い出しにくい場合は記録を残しておけば大丈夫。支払先であるお寺の名称と所在地、支払った日、支払った額、支払いの目的などをメモしておきましょう。

忌中見舞いへの対応

簡単でよいのでもてなしを

葬儀の後、通夜や葬儀に参列できなかった人が自宅を訪ねてくることがあります。忌明けとなる四十九日の法要（地域などによって異なる）の前に行われることが多く、「忌中見舞い」などと呼ばれます。

忌中見舞いは、故人への弔意を示すと同時に遺族を慰めるためのもの。お線香を上げてもらった後、短時間でよいので茶菓でもてなしましょう。

忌中見舞いに来る人は、現金やお供えの品を持参することがほとんどです。現金は香典の代わりなので、香典返しの品を贈るのがマナーです。お供えの品物に対しては、香典返しは不要。当日はお礼を述べて見送り、後日、お礼状を送ります。

香典が郵送されてくることも

通夜や葬儀の際、返礼品を即日返しした場合は、忌中見舞いに備えて品物と礼状を自宅にも用意しておきましょう。香典代わりの現金を持参した人には、礼状とともに香典返しの品を手渡します。高額だった場合は通常の香典返しと同様に、忌明けの法要後、礼状を添えてお礼の品を贈ります。

故人や遺族と親しかった人が遠方に住んでいる場合、香典やお見舞いの品が現金書留や宅配便で送られてくることもあります。送った側はきちんと届いているか気にかけているはずなので、できればすぐに電話でお礼を。そのうえで、あらためて香典返しや礼状を送りましょう。

葬儀の後のお見舞いへの対応

自宅を訪ねてきた場合

お線香を上げてもらい、簡単にもてなす。

現金を渡された場合

即日返しの品が手元にある

礼状を添えて手渡す。

↓

香典が高額だった場合

↓

忌明けの法要が終わってからあらためて返礼品を贈り、即日返しの品との差額を調整する。

即日返しの品が手元にない

忌明けの法要が終わってから、香典の金額に見合う香典返しを贈る。

お供えの品物を渡された場合

お礼を述べ、あらためて礼状を送る。

お見舞いが送られてきた場合

香典が郵送されてきた場合

すぐに電話などで連絡し、気遣いへの感謝を伝える。

↓

忌明けの法要が終わってから、香典の金額に見合う香典返しを贈る。

お供えの品物が配送されてきた場合

すぐに電話などで連絡し、気遣いへの感謝を伝える。

↓

あらためて礼状を送る。

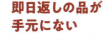

お世話になった人への挨拶

挨拶回りの習慣がある地域も

葬儀の参列者には、会葬礼状や香典返しの形で感謝を伝えています。ただし、特にお世話になった人には、葬儀を終えた後あらためて礼状を送ったり、電話でお礼を伝えたりするとよいでしょう。

地域によっては、葬儀の翌日から1週間以内を目安に喪主や遺族が挨拶回りを行うこともあります。訪問先は、葬儀を手伝ってくれた人や故人がお世話になった人、近所の人など。読経を依頼した僧侶のところにあらためて出向く場合もあるようです。

勤務先や介護施設への挨拶

故人が会社員だった場合は、勤務先にも挨拶を。

直属の上司や同僚にお世話になったことへの感謝と通夜や葬儀への参列のお礼を伝え、故人の私物があれば引き取ります。ただし、遺族の挨拶回りは会社にとって負担になることも。まずは電話で先方の都合を聞き、訪問しないほうがよさそうな場合は、礼状を添えた菓子折りなどを送りましょう。

故人が介護施設で暮らしていた場合は、葬儀の後、早めに挨拶に行きます。清算や私物の引き取りなどを済ませ、お世話になったスタッフに感謝の気持ちを伝えます。手土産を持参する場合は、スタッフ個人ではなく施設全体へのお礼という形にしましょう。

また、亡くなったことを知らせていない人には死亡通知を出します。忌明けの法要（四十九日など）までを目安に、できるだけ早めに送りましょう。

葬儀後に送る死亡通知の例

父　田中一郎儀　去る九月一日　八十五歳にて永眠いたしました
ここに謹んでご通知申し上げます
葬儀は故人の遺志により　近親者のみにて執り行いました
ご通知が遅れましたこと心よりおわび申し上げます
なお誠に勝手ではありますが
香典や供物につきましてはご辞退申し上げます
生前のご厚情に心より感謝申し上げます

〒000-0000
○○市○○区○○○○町○○○-○○○
電話　○○○（○○○）○○○○

田中花子

訃報には独自の書き方があるので、はがきを自作する場合はマナー違反にならないように注意する。

死亡通知をメールをで送る場合

- 件名をわかりやすいものにする
- 最初に故人との関係を書き添える
- 時候の挨拶は不要
- 書き出しを一字下げない
- 原則として句読点を使わない

件名　**田中一郎死去のお知らせ**

お世話になっております
田中一郎　長女の花子です
（以下、はがきの文面と同様）
⋮

葬儀の生前予約

いざというときの家族の負担を減らせる

人生の締めくくり方を決める「終活」の一環として、葬儀の生前予約をする人も増えてきました。葬儀に関する希望をエンディングノートに書いたり、家族に伝えておいたりすることもできますが、いざとなると葬儀の準備はバタバタと進んでしまいがち。残された家族は心の余裕がないときに短時間でいろいろなことを決めなければならないため、希望通りの葬儀ができるとは限りません。

でも生前予約をしてあるなら、葬儀社に連絡するだけで、必要な準備がスムーズに進みます。本人の意思を反映した葬儀ができるうえ、家族の負担も軽くなります。

時間をかけて契約内容を検討できる

生前予約をする際は、まず葬儀の内容やおおよその規模を考えます。その後、インターネットなどで葬儀社を調べ、希望に近いプランの内容や料金を比較して、数社に見積もりを依頼しましょう。

こだわりたい点や気になる点については対面で打ち合わせをし、斎場などの見学もしておくのがおすすめ。選択肢があるものは事前に選び、希望は具体的に伝えます。準備に時間をかけられるので、内容や費用の面で納得できる契約をすることが可能です。

契約を済ませたら家族にも報告し、契約書や領収書は共有します。葬儀社の連絡先などもわかるようにしておきましょう。

葬儀の生前予約のメリットと注意する点

メリット

家族の負担を減らせる

大切な人を亡くした直後に葬儀の手配をするのは負担が大きいが、依頼先と依頼内容が決まっていることで、時間と気持ちにゆとりが生まれる。

本人の希望を生かせる

家族であっても、「送る側」と「送られる側」の希望は一致していないことがある。生前予約をしておくことで本人の希望を反映することができる。

費用を見積もりやすい

必要なものやサービス内容をじっくり検討する時間があるので、プラン作りが葬儀社主導になりにくく、不要な出費を抑えることができる。

注意する点

家族に相談し同意を得ておく

希望する葬儀の規模や内容については、事前に家族と話し合い、同意を得ておくようにする。おおよその費用についても相談しておく。

契約内容などを家族に伝えておく

予約をしても、本人が亡くなったときに家族からの連絡がなければ葬儀社は動けない。契約したら、契約内容や連絡先を家族にも伝えておく。

信頼できる葬儀社を選ぶ

予約をしても、葬儀を実施する前に会社が倒産してしまう可能性もある。費用を前払いする場合は特に、信頼できる会社を選ぶことが大切。

知っておきたい葬儀のマナー①

遺族の服装の基本

男性

ネクタイピンはつけない

時計やベルトは金具が目立たないデザインのものを選ぶ。

黒いスーツに、白いシャツと黒無地のネクタイを合わせるのが基本。靴はシンプルな黒、靴下も黒や濃紺を選ぶ。

女性

長い髪は耳より下でまとめる

アクセサリーは結婚指輪、真珠かジェット（黒玉）の一連ネックレスやイヤリングのみ可

バッグは布製がよいとされるが、革製の場合は型押しや爬虫類素材を避ける

黒無地のシンプルなスーツやワンピースに黒いストッキング、靴とバッグも黒。メイクはナチュラルにし、派手なネイルは控える。

スカート丈は膝が隠れる長さ

靴はシンプルな黒色のものを選ぶ

2章

お墓選びの基本

時代とともにお墓に対する価値観が多様化し、
弔い方の選択肢も増えてきています。

お墓

納骨の時期と準備

四十九日の法要の際に納骨することも

葬儀を終えた後、遺骨はいったん自宅に安置し、区切りとなる時期にお墓に納めるのが一般的です。納骨の時期に決まりはありませんが、四十九日の法要時に納骨することもあります。

亡くなった日から数えて49日目にあたる四十九日は、故人の霊が裁きを受けてその後の行先が決まる日とされており、遺族は極楽浄土へ行けることを祈って法要を行います。また、この日をもって喪に服す忌中の期間が終わり、「忌明け」となります。

四十九日までの日数の数え方には地域による違いが見られます。また、四十九日ではなく三十五日を忌明けとして法要や納骨を行う場合もあります。

新しくお墓を建てたり納骨先を探したりする場合は、準備に時間がかかります。状況に応じて、一周忌や三回忌などを目安に納骨してもよいでしょう。

日時が決まったら石材店にも連絡を

寺院墓地に納骨する場合は、菩提寺に相談して日取りを決めます。四十九日の法要と合わせて行う場合は、家族や親戚が集まりやすい日を選ぶとよいでしょう。民間霊園の場合は、納骨の希望日時を決めたうえで墓地の管理者に連絡します。

お墓に骨壺を納める際には墓石類を動かさなければならないため、納骨の日時が決まったら、石材店にも連絡を。墓石や墓誌に故人の名前などを彫る場合は、あわせて依頼しておきましょう。

四十九日法要の際に納骨を行う場合

法要と納骨の日時を決める

亡くなった日を1日目として、49日目にあたる日が四十九日（亡くなる前日を1日目とする地域もある）。

寺院墓地の場合

菩提寺と相談して日時を決める。家族や親戚が集まりやすい週末などに設定することが多い。

日程を調整する場合は、実際の四十九日より前にずらす。

民間霊園の場合

納骨の日時を決め、墓地の管理者に連絡する。納骨式（74ページ）を行う場合は、僧侶に読経を依頼する。

民間霊園の場合は、納骨式を行わずに納骨することも多い。

石材店に連絡

納骨の日時を伝え、準備を依頼する。

参列してほしい人に連絡

少人数の場合は電話やメールなどで知らせる。参列者が多い場合は、出欠を知らせる返信はがきを同封して案内状を送る。

納骨式の流れ

墓前で読経と焼香を行う

納骨式には、遺族や親戚、故人と特に親しかった人などが参列します。四十九日の法要と同じ日に行う場合は、法要を終えた後、納骨式の参列者と僧侶がお墓に移動して納骨式を行います。

式の流れは宗派や地域によって違いがありますが、骨壺をお墓に納め、僧侶による読経と参列者の焼香が行われます。納骨式の後は、場所を移して会食をするのが一般的です。

納骨には埋葬の許可が必要

納骨には、埋葬を許可する書類（火葬済みの証印付き火葬許可証）が必要です。収骨の際に火葬場の担当者から渡されるもので、骨壺が入っている箱の中に入れられていることもあります。

お墓を管理するお寺や霊園が発行した「墓地使用許可証」の提示も求められるので、忘れずに持参します。当日の手続きに必要な場合もあるので、印鑑も持っていきましょう。

納骨式を依頼した僧侶には、お布施を渡します。四十九日の法要とあわせて行う場合は、2件の法要を行ったものとして金額を決めましょう。墓地までの移動が必要な場合は「御車代」、納骨式の後の会食に僧侶が参加しない場合は「御膳料」も用意します。

石材店には、作業の費用とは別に心付けを渡すこともあります。支払わなければならないものではありませんが、地域の慣習に合わせるとよいでしょう。

納骨式に用意するもの

書類など

証印付きの火葬許可証
埋葬が許可されていることを証明する。

墓地使用許可証
墓地の管理者が発行したもの。

印鑑
当日の手続きに必要な場合がある。

納骨式に必要なもの

- 遺骨
- 位牌
- 花
- 遺影
- 線香
- お供え　など

お寺や地域の風習によって供えるものが決まっている場合もあるので、事前に確認しておくとよい。

僧侶へのお礼

お布施
読経のお礼。四十九日の法要と同じ日に行う場合、包みはひとつにしてよいが、「四十九日法要」と「納骨式」の2件を行ったと考えて金額を決める。

御車代
墓地への移動に交通費がかかる場合。5000～1万円ほどが相場。

御膳料
納骨式の後に行う会食に僧侶が参加しない場合、食事代として渡す。5000～1万円ほどが相場。

その他

石材店へのお礼
作業費用とは別に、心付けを渡すこともある。3000～5000円程度が相場。

必要かどうかは、事前にお寺や墓地の管理者などに確認しておくとよい。

お墓

「継ぐ」お墓・累代墓

親から子へ受け継がれる累代墓

お墓には、「継ぐお墓」と「継がないお墓」があります。墓石に「先祖代々之墓」「○○家之墓」などと刻まれている伝統的なスタイルのお墓は、継ぐお墓。「累代墓《るいだいぼ》」「家墓《いえはか》」などと呼ばれ、親から子へと受け継がれて一族の遺骨が納められます。

累代墓のメリットは、自分と家族の眠る場所があるという安心感が得られることや、お墓を守っていく中で先祖を敬う気持ちなども育まれること。ただし、お墓を継いだ人は、墓地に管理費を支払ったり墓参りや法要を行ったりする役割も担うことになります。また、お墓は血縁者が継ぐことが多いため、少子化に伴って「継ぐ人がいないお墓」が増えていることも問題になっています。

継ぐ人・守る人がいないと無縁墓に

お墓の持ち主に認められているのは、土地の所有権ではなく、永代使用権《えいたいしようけん》（土地を永久に使用する権利）。使用者が亡くなると遺族が権利を受け継ぐことができますが、第三者に譲ったり売ったりすることはできません。

継ぐ人がいなかったり継いだ人がお墓を守ることに積極的でなかったりすると、お墓は供養する人がいない「無縁墓《むえんばか》」となって荒れてしまい、時間が経つと使用者の有無を確認することも難しくなります。将来的に「無縁墓」になるのを避けるため、「継がないお墓」を選ぶ人も増えています。

購入したお墓の跡継ぎの有無

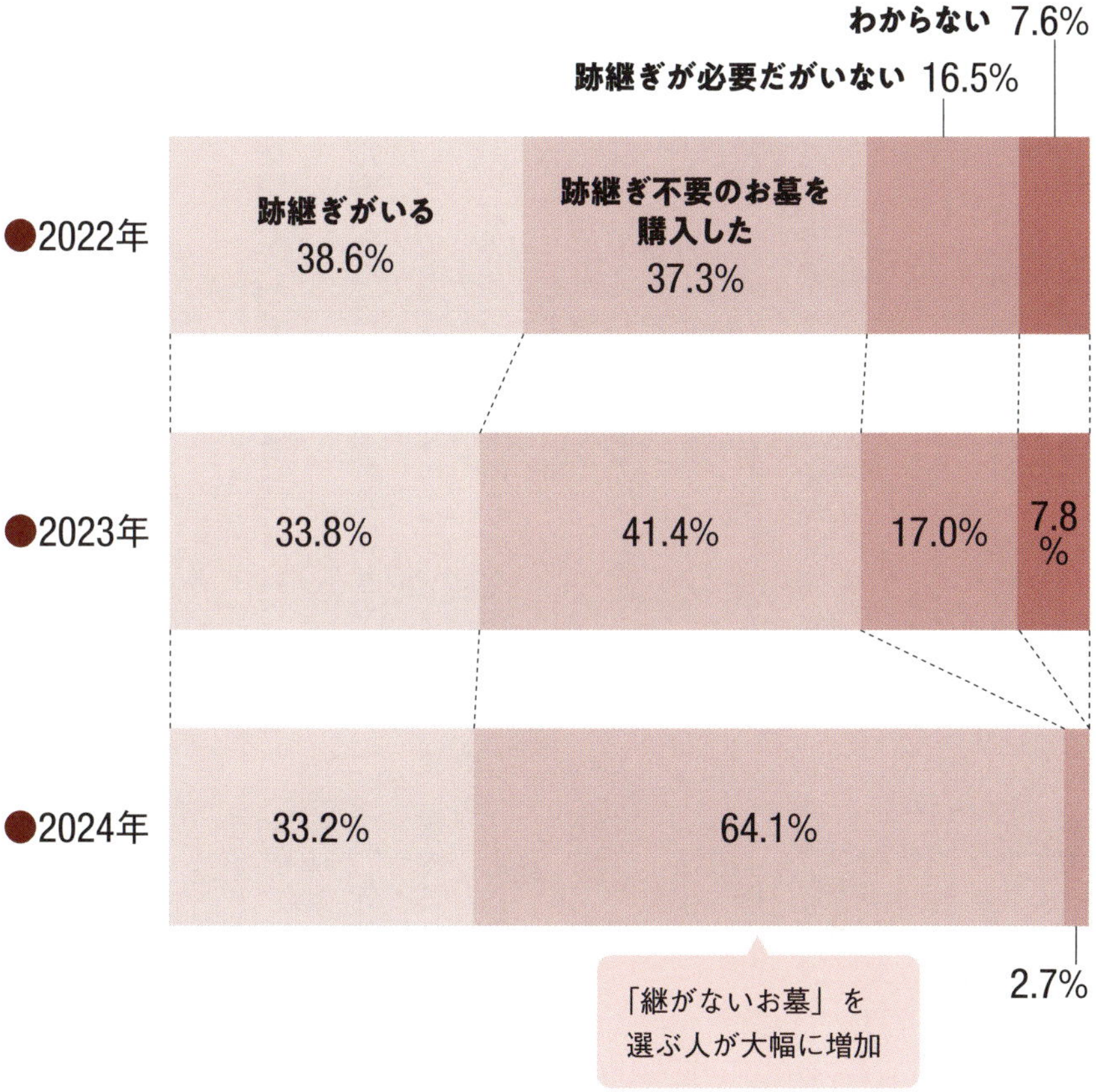

出典：お墓の消費者全国実態調査・第13回〜第15回より作成

お墓を継ぐための手続き

誰でもお墓を継ぐことができる

親が亡くなった際などにお墓を継ぐことを「承継」といいます。承継することになったら、まずはお墓を管理しているお寺や霊園に連絡し、墓地の使用者が変わることを伝えます。名義変更のしかたについて説明を受けたうえで必要な書類等をそろえ、手続きを済ませましょう。

承継者となるのは、お墓の使用者だった故人が指定した人です。特に指定がなかった場合は、家族や親戚の話し合いで決めることになります。

お墓は長男が継ぐものとされていた時代もありますが、現在の法律では性別や生まれ順、血縁の有無などに関わらず、誰でも承継できることになっています。ただし、お寺や霊園の中には継承者を「使用者の親族に限る」などと定めているところもあります。寺院墓地の場合は、宗教・宗派が異なる人が承継することも難しいでしょう。承継者を決める際は、事前に条件を確認しておく必要があります。

承継によって受け継ぐ責任と権利

法律上、お墓や仏壇・仏具など先祖をまつるものは「祭祀財産《さいしざいさん》」と呼ばれます。一般の財産とは異なり、祭祀財産の承継には相続税がかかりません。

相続人が複数の場合、預貯金や土地などの財産は分割して相続しますが、祭祀財産の承継者は、原則としてひとり。ただし、事情によっては複数で受け継ぐことが認められる場合もあります。

お墓を承継する手続きに必要なもの

（都立霊園の例・令和6年現在）

- 承継使用申請書
- 誓約書
- 申請者（＝承継者）の実印と印鑑証明書（発行から3か月以内）
- 申請者（＝承継者）の戸籍謄本（発行から6か月以内）
- 使用者（＝故人）と申請者（＝承継者）の戸籍上のつながりが確認できる戸籍謄本等（＊）
- 東京都霊園使用許可証
- 手数料（1800円）
- 郵送料分の切手

＊都立霊園の場合、承継者は原則として墓地使用者の親族であることが条件。

＋

故人が承継者を指定していた場合

- 使用者（＝故人）の死亡記載の戸籍謄本類
- 承継者の指定の記載がある遺言書等の原本（＊）　など

＊法律上は、承継者の指定は口頭でも認められる。

「継がない」お墓・永代供養墓

墓地の管理者がお墓を守る

代々受け継いでいく累代墓に対して、「継がないお墓」が永代供養墓です。永代供養墓とは、遺族に代わって墓地の管理者が管理してくれるお墓のこと。承継者がいない、身内にお墓のことで負担をかけたくない、などの理由で永代供養墓を選ぶ人が増えています。

永代供養墓には、遺骨を個別の墓所に納めるタイプと、最初から合葬（他の遺骨と一緒に納骨する）するタイプがあります。個別タイプの場合は、十七回忌まで、三十三回忌までなど一定の契約期間が設けられています。その間は個別の墓所を維持・管理し、契約終了後は合葬されます。

お墓のスタイルも、一般的な累代墓のような墓石を立てるもののほか、屋内に遺骨を納める納骨堂や木を墓標とする樹木葬などさまざまです。

承継者がいなくても大丈夫

永代供養墓のメリットは、承継者が不要なこと。また、お墓の維持や管理を任せられるので、お墓参りに行けなくてもお墓が荒れる心配はありません。

注意したいポイントは、どこかの段階で遺骨が合葬されることです。いったん合葬されてしまうと、改葬や手元供養ができなくなります。また、他人と一緒に葬られることに抵抗を感じる人もいるので、累代墓から永代供養墓に改葬する場合などは、家族や親戚と話し合って理解を得ておくことが大切です。

「継ぐ」お墓と「継がない」お墓の違い

	継ぐお墓（累代墓）	継がないお墓（永代供養墓）
使用する権利	「家」のお墓であり、お墓の永代使用権が承継される。	墓地の管理者との契約に含まれる人だけが利用できる。
維持・管理	承継者がお墓を管理。	霊園や寺院がお墓を管理。
使用する人	原則として家族や親戚が納骨される。 	**個別に納骨されるタイプ** 個人単位のほか、夫婦や友人などと一緒に納骨されるタイプもある。契約期間に応じて、遺骨が個別の区画に納められる。 **合葬されるタイプ** 他人の遺骨と一緒に納骨される。
区画を使用できる期間	承継者がいる限りお墓が維持される。	**個別に納骨されるタイプ** 契約期間終了後は合葬される。 **合葬されるタイプ** 初めから合葬される。

お墓を建てるまでの流れ

墓地を選ぶ際は使用の条件もチェック

墓石を置くタイプのお墓を建てる場合は、墓地を探し、そのうえで墓石なども設置しなければなりません。まずは検索サイトなどを利用して情報を集めることから始めましょう。

立地や広さ、経営主体などによって、墓地の雰囲気や価格はさまざまです。予算を決める際は、墓地の区画に加えて墓石の価格を考えることも忘れてはいけません。

また、宗教・宗派や承継者に関する条件なども確認しておきます。寺院墓地の場合、原則として異なる宗教・宗派の人は利用できません。また、承継者に関して「3親等以内の親族に限る」などの決まりがあるところもあります。

墓石は石材店に発注する

墓地を取得したら、墓石の準備にとりかかります。墓石は石材店に発注しますが、墓地によっては発注先が指定されています。また、区画によって墓石のデザインにも一定のルールが設けられていることもあります。個性的なものにしたい場合は、事前に管理者に相談しておくと安心です。

墓石を発注してから完成までには、2~3か月はかかります。墓地探しから始めるなら、さらに時間が必要です。一周忌などのタイミングで納骨を予定している場合は、余裕のあるスケジュールでお墓づくりを進めるようにしましょう。

お墓ができるまで

墓地を探す	検索サイトなどで情報収集。希望する場所を大まかに決めたうえでその他の条件もチェックし、おおよその相場を把握する。
↓	
確認したいポイント	●寺院や霊園の雰囲気 ●お墓（区画）の広さ ●宗教や宗派 ●承継者に関する条件 ●自宅からのアクセス方法と所要時間
↓	
予算を決める	お墓の価格（永代使用料）に加え、墓石の加工費、墓石の設置費用も必要。
↓	
くわしい情報収集	希望する墓地を絞り込み、資料を取り寄せたり見学に行ったりする。
↓	
墓地を取得する	墓地の管理者と契約すると、「永代使用許可証」が渡される。納骨の際に必要なので、きちんと保管しておく。
↓	
墓石の準備	石材店を決め、材質やデザインについて相談する。スケジュールや見積もりを確認したうえで、墓石や付属品を発注する。
↓	
お墓の施工	墓石類の加工、区画の基礎工事、外柵の設置、墓石や付属品の設置などが行われる。発注から完成まで2～3か月はかかることが多い。
↓	
完成	

お墓を建てるための費用

永代使用料＋墓石の価格を考える

累代墓を新しく建てる場合、必要な費用は大きく2種類に分けられます。ひとつ目が、墓地の価格（永代使用料）。墓地の立地や設備、区画の広さなどによって価格が変わります。また、墓地の経営主体によっても価格設定が異なり、民間霊園にくらべて自治体が管理する公営墓地のほうが割安です。

ふたつ目が、墓石類。家名などを刻む墓石に加え、外柵や花立、墓誌なども石で作られます。使う石材の材質や量によって、かかる費用が大きく変わってきます。石材店と相談しながら、設置するものやデザインなどを決めましょう。石材そのものの料金に加え、墓石や墓誌に文字を彫る料金や、墓石を墓地に設置するための工事費などもかかります。

お墓を維持するためにかかる費用も

お墓を建てると、維持していくための費用も必要です。お墓を使用している限り管理者に支払い続けなければならないのが、管理費。墓地の共有スペースを管理するための経費として使われるもので、金額は寺院や霊園によってさまざまです。

寺院墓地では、墓地を使用するためには檀家になることが条件である場合もあります。檀家になる際に「入檀料」が必要だったり、檀家の義務としてお寺の改修などの際にお布施を求められたりすることもあります。管理費以外にもお金がかかることになるので、事前にしっかり確認しておきましょう。

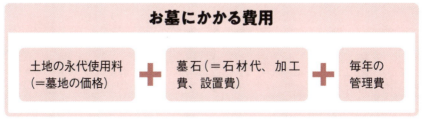

購入したお墓の平均価格

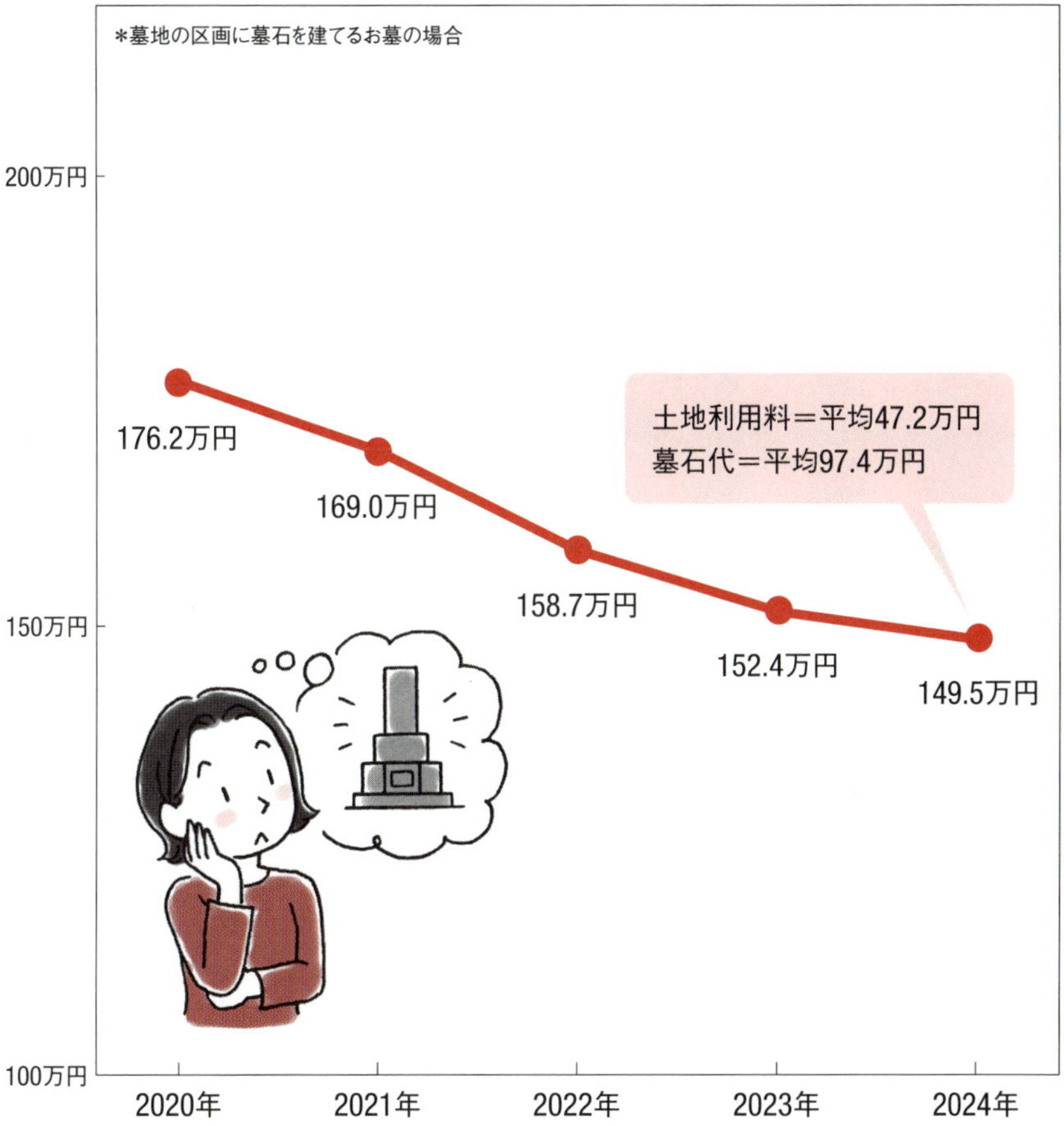

出典：第15回お墓の消費者全国実態調査

お墓にかかる費用

土地の永代使用料（＝墓地の価格） ＋ 墓石（＝石材代、加工費、設置費） ＋ 毎年の管理費

墓地の見学

自宅からの「行きやすさ」をチェック

お墓を建てる場合、墓地の候補をいくつかに絞り込んだら、必ず見学に行きましょう。紹介サイトやパンフレットなどで画像やデータを見ていても、現地に足を運ばないとわからないこともあるからです。

現地に向かいながら確認したいのが、自宅からのアクセスです。交通手段や所要時間はもちろん、電車やバスの本数、駐車場の場所や広さなどもチェックしておきます。

最寄り駅などから歩く場合は、距離だけでなく道の状態も確認を。たとえ距離は短くても、急な坂や階段を上らなければならなかったり周囲の環境がよくなかったりすると、お墓参りに行くのが億劫になってしまいます。自分や家族にとっての「行きやすさ」を確認することも、見学の目的のひとつです。

霊園全体の雰囲気も大切

霊園では、希望する区画の場所や広さを確認するだけでなく、霊園全体も見てまわりましょう。他のお墓を見ておくことは、墓石を選んだりデザインを決めたりする際のよいヒントになります。

また、水回りが整頓されて清潔であること、通路の安全性が確保されていること、共用部分の清掃が行き届いていることなどは、霊園がきちんと管理されている証拠です。時期や霊園の規模にもよりますが、お墓参りに訪れている人が多いことも「よいお墓」の特徴のひとつです。

お墓までの移動手段と所要時間

お墓までの所要時間…**平均31.4分**

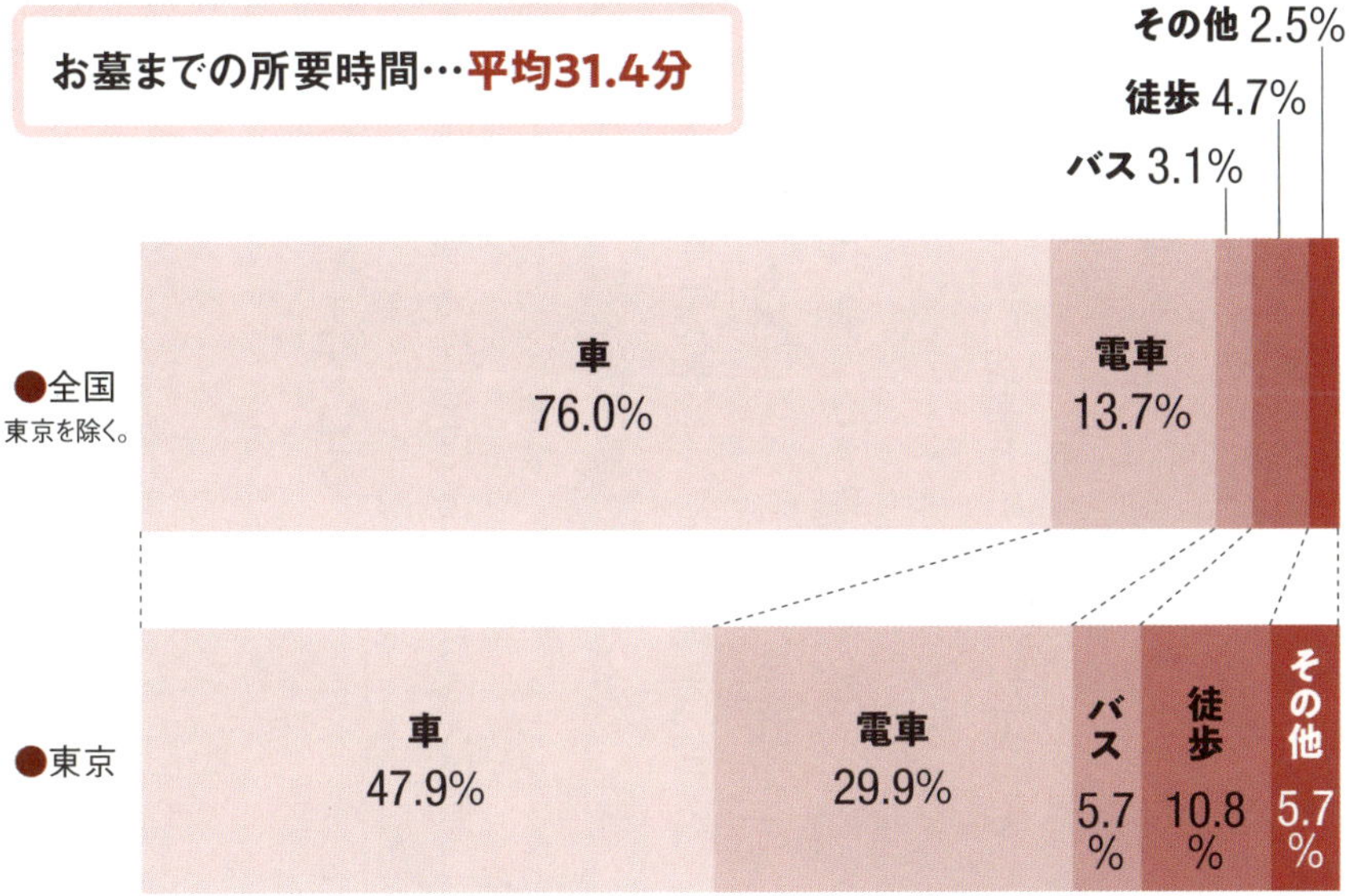

出典：第15回お墓の消費者全国実態調査

見学の際のチェックポイント

アクセス

- 自宅からの交通手段
- 所要時間
- 電車やバスの本数
- 駐車場の広さや場所
- 歩くルートの歩きやすさ　など

霊園の環境や設備

- 希望する区画の広さと場所
- 霊園全体の雰囲気と管理状況
- 水回りの清潔さや使いやすさ
- 備品が十分に用意されているか
- 担当したスタッフの対応　など

お墓の種類と特徴

お墓の選択肢が増えている

高齢化や少子化が進んだことにより、日本人のお墓に対する意識も変化しています。以前は「お墓＝親から子へ受け継いでいく累代墓」でしたが、伝統的なスタイルのお墓にこだわらない人が増え、それに伴ってお墓の選択肢も増えてきました。それぞれの特徴を知ったうえで、納得できるお墓を選ぶことが大切です。

お墓の分類のしかたは、基準とするものによっていくつかのパターンがあります。「継ぐお墓」である累代墓に対して、「継がないお墓」が永代供養墓。また、一緒にお墓に入る人や遺骨を納める場所・方法などを基準にして分類することもできます。自分や家族にとっての優先順位を考えながら、条件に合うお墓を探すとよいでしょう。

作りたいお墓を決めてから墓地選びを

お墓のスタイルや価格にかかわってくるのが、墓地選びです。墓地は経営主体によって、「公営墓地」「民間霊園」「寺院墓地」の3種類に分けられます（90ページ〜）。

公営墓地や寺院墓地では、遺骨を納める場所・方法が限定されていることがほとんど。承継者がいることがお墓（永代使用料）を取得する条件となっていることもあります。どんなお墓を作りたいのか具体的に考え、家族とも相談したうえで墓地探しにとりかかるとスムーズです。

お墓の種類のいろいろ

承継者の必要性

累代墓
親から子へ受け継がれることが多く、承継者が必要。

永代供養墓
承継者は不要。遺族に代わって墓地の管理者がお墓を維持・管理する。

誰とお墓に入るか

累代墓
家族や血縁者が納骨される。

個人墓
墓地の管理者との契約に含まれる人だけが納骨される。

夫婦墓
墓地の管理者と契約した人が夫婦単位で納骨される。

合葬墓
血縁関係などを問わず、墓地の利用者と一緒に納骨される。

遺骨を納める場所・方法

墓石のあるお墓
墓石のあるお墓のカロート（納骨スペース）に遺骨を納める。

海洋散骨
粉骨した遺骨を海にまく。

納骨堂
専用のスペースに遺骨を納める。

樹木葬
墓標代わりの木の周りに埋葬される。

個人墓や夫婦墓として個別のスペースを利用する場合も、一定期間供養された後、合葬されることもある。

お墓

公営墓地の特徴

公営墓地のメリット

公営墓地とは、都道府県や市区町村が管理・運営している墓地のこと。経営主体が破綻する心配がほとんどないため、安心して利用することができます。また、民間霊園や寺院墓地にくらべて低価格であることも大きなメリットのひとつです

公共の施設であるため宗教・宗派に制限はなく、墓石の発注先なども自由。一般的な累代墓に加え、永代供養ができる納骨堂や樹木葬のスペースを備えている墓地もあります。

人気の区画は抽選になることも

公営墓地を利用することができるのは、原則としてその地域の居住者です（居住者以外は割増料金で使用できるところもある）。多くの墓地では募集を行う時期が決まっており、そのタイミングに合わせて申し込まなければなりません。

同じ区画に複数の希望者がいる場合、使用者は抽選で決められます。人気のある墓地や区画では高倍率になることもあり、申し込んだからといって確実に区画を取得できるとは限りません。

手元に遺骨があることが条件だったり、他のお墓からの改葬が認められなかったりすることもあるため、生前に用意しておく自分のお墓や、「墓じまい」のための改葬先を探している人には適していません。また、累代墓の承継者が親族と定められていることもあるので、募集の要件は慎重に確認しましょう。

公営墓地のメリットと注意点

メリット

- 経営主体が安定している。
- 民間霊園や寺院墓地にくらべて永代使用料や管理費が低価格。
- 宗教・宗派に関係なく使用することができる。

注意点

- 該当地域の居住者などに使用が制限される。
- 募集を行う時期が決められていることがある。
- 人気の区画の購入者は抽選で決められる。
- 遺骨が手元にないと申し込めない場合がある。
- 墓じまいの改葬先としては利用できない場合がある。

令和6年度　都立霊園への応募状況

霊園名	種別	募集数	応募数	倍率
多磨霊園	一般埋蔵施設	300	631	2.1
	合葬埋蔵施設	640	5169	8.1
	樹林型合葬埋葬施設	2360	7186	3.0
小平霊園	一般埋蔵施設	95	436	4.6
	芝生埋蔵施設	5	64	12.8
	合葬埋蔵施設	300	9365	31.2
八柱霊園	一般埋蔵施設	315	639	2.0
	合葬埋蔵施設	1440	2373	1.6
青山霊園	一般埋蔵施設	60	772	12.9
谷中霊園	一般埋蔵施設	65	393	6.0
染井霊園	一般埋蔵施設	75	268	3.6
	立体埋蔵施設	25	329	13.2
八王子霊園	芝生埋蔵施設	120	225	1.9
雑司ヶ谷霊園	一般埋蔵施設	60	258	4.3

民間霊園の特徴

民間霊園のメリット

公益法人や宗教法人が経営主体である墓地は、民間霊園と呼ばれます。実際の維持・管理は委託された管理会社が行うことが多くなっています。

宗教・宗派を問わずに利用できる場合が多く、居住地などの条件が設けられていることもありません。霊園の数も多く、いつでも申し込めるため、公営墓地にくらべて取得が簡単です。駐車場や売店、休憩所などの設備も充実しており、法要の際に使える施設などが併設されていることもあります。

墓石の形などに関する制限が少ないので、お墓のデザインの自由度も高め。反対に、一定の形の墓石類がそろった区画が「完成墓所」として販売されることもあります。納骨堂や樹木葬といった新しいタイプのお墓も多いため、累代墓以外を希望する場合の選択肢として人気があります。

墓石の発注先が限定されることも

立地や区画の広さによる違いはありますが、取得しやすく、サービスが充実している分、公営墓地にくらべると使用料や管理費はやや高額。大規模な霊園は郊外にあることが多いため、交通手段が限られることもあります。

また、多くの民間霊園が「指定石材店制度」を採用しています。この制度がある場合、霊園の使用者は、霊園が指定する数社の石材店の中から墓石の発注先を選ばなければなりません。

民営霊園のメリットと注意点

メリット

●宗教・宗派を問わずに使用することができる。
●希望する霊園にいつでも申し込めるため、取得しやすい。
●霊園の数が多いため、たくさんの中から比較検討して選ぶことができる。
●遺骨を納める場所や方法のバリエーションが豊富。
●設備や付属施設が充実しており、管理も行き届いていることが多い。
●墓石のデザインなどの自由度が高い

注意点

●公営墓地にくらべて高額なことが多い。
●墓石の発注先が、霊園が指定する石材店に限定される。
●経営主体が破綻する可能性がある。

お墓

寺院墓地の特徴

寺院墓地のメリット

宗教法人が経営主体である墓地のうち、お寺の境内や隣接する場所に設けられているものを寺院墓地といいます。原則として寺院墓地は檀家のためのものなので、使用できるのは管理者であるお寺と同じ宗教・宗派に属する人です。

寺院墓地は、物理的にも心情的にもお寺との距離が近いため、常日頃から供養が行われている安心感があります。また、法要や葬儀を行う際、僧侶への依頼や会場の手配などもスムーズです。

檀家になるとお寺への寄付などを求められる

寺院墓地の場合、お墓を取得する人は檀家になるのが基本です。檀家とは、お墓のあるお寺（菩提寺）に所属し、お寺を経済的に支援する家のことです。

檀家になるとお墓の管理をお寺に任せることができ、法要などにも優先的に対応してもらえるようになります。同時に、お寺への寄付や行事の手伝いをする義務が生じます。また、墓地を取得する際、「入檀料」が必要なお寺もあります。寺院墓地を取得する場合は、永代使用料や管理費とは別にかかる費用のことも考えておくようにしましょう。

寺院墓地の中には「宗教不問」をうたっているところもあります。宗教・宗派が違う人を実際に受け入れているところもありますが、「墓地を取得する段階では宗教不問」という意味であることも。その場合は、墓地を取得した後に改宗を求められます。

寺院墓地のメリットと注意点

メリット

- 日常的に供養されている安心感がある。
- 管理が行き届いている。
- 法要などの際、僧侶への依頼がスムーズ。

注意点

- 宗教・宗派が一致していないと墓地を取得できない。
- 原則として、檀家になる必要がある。
- 檀家になることで、お寺への寄付や行事の手伝いなどを求められるようになる。
- 檀家になるための「入檀料」が必要なことがある。
- 永代使用料や管理費以外に入檀料や寄付なども求められるため、公営墓地や民間霊園にくらべて割高なことが多い。
- お墓のデザインなどが制限されていることが多い。

石材店の役割と選び方

墓石は実物を見てから発注するとよい

墓石を設置するスタイルのお墓を建てる場合、墓石のデザインなどは石材店と相談することになります。公営墓地にお墓を取得した場合、石材店は自由に選ぶことができます。

まずは、インターネットなどで情報収集をすることからスタート。手軽に見積もりを取れるサイトもあるので、予算も考えながらおおよそのイメージをかためていきます。

ネット通販での購入も可能ですが、できれば近くにある店舗や展示場へ足を運びましょう。ほとんどの人にとって、墓石選びは初めての経験。実物を見て、専門家のアドバイスを聞いたうえでイメージや予算を見直し、発注先を決めるとよいでしょう。

民間霊園では石材店を選べないことが多い

多くの民間霊園や一部の寺院墓地では、墓石の発注先が「指定石材店」に限定されています。指定石材店が複数ある場合も、その中から気に入ったところを選ぶのではなく、あらかじめ振り分けられた石材店に依頼しなければならないこともあります。

自由度が低いようにも思えますが、指定石材店には、一定レベルの仕事の質が保証されているという安心感もあります。石材店にとっては契約している霊園との信頼関係も大切なため、墓石類の加工や工事などの作業もていねいで、アフターケアなども行き届いていることが多いのです。

石材店の選び方

公営墓地	民間霊園	寺院墓地
自由に石材店を選ぶことができる。	霊園指定の石材店に依頼することが多い。	お寺が石材店を指定することもある。

墓石の発注の流れ

情報収集
↓
問い合わせや資料請求
↓
店舗や展示場の見学
↓
墓石のデザインを決める
↓
墓石の材質を決める
↓
墓石に刻む文字を決める
↓
見積もりを取る
↓
金額と納期を確認
↓
契約
↓
墓石の加工

お墓のなるほど!

石材店経由で霊園探しもできる

石材店は墓石の加工だけでなく、墓地の紹介も行っています。そのため、お墓を建てる手順として、最初に石材店を決めて霊園選びをサポートしてもらう、ということも可能です。墓地を取得する際の見積もりなども石材店経由で行えるので、墓石を含めた総額で予算を組みやすくなります。ただし、紹介してもらえるのはその石材店が契約している霊園だけになります。

仏式のお墓

墓石の下に遺骨を納めるスペースがある

仏式のお墓は、墓標となる墓石と遺骨を納めるための「カロート」と呼ばれるスペース、区画を区切る外柵などで構成されています。その他、花立や香炉、水鉢、塔婆立《とうばたて》などの付属品も必要です。スペースや予算に合わせて、墓誌や灯籠なども設置することがあります。

カロートは墓石の下に設けられるのが一般的で、「拝石《おがみいし》」と呼ばれる板状の石で上部をふさぎます。納骨の際は、拝石を上げて骨壺を納めます。各区画にカロートがすでに作られており、使用者は墓石や付属品だけを設置するタイプのお墓もあります。

霊園や使用する区画の種類によっては、外柵や塔婆立の設置が禁止されていることもあります。墓石類の準備を始める前に霊園の規則を確認しましょう。

墓石のスタイルは3種類

墓石のスタイルは、伝統的な縦長の「和型」、シンプルな横長の「洋型」、自由な形に仕上げる「デザイン型」の3種類に分けられます。原則として自由に決めることができますが、霊園や寺院によって形やサイズに制限がある場合もあります。

墓石に刻む文字にも決まりはありませんが、和型の墓石に関しては「○○家之墓」のような家名や宗派に合った経文が好まれる傾向があります。墓石が洋型やデザイン型の場合は、故人の好きな言葉やメッセージなどを入れる人も多いようです。

仏式のお墓の例

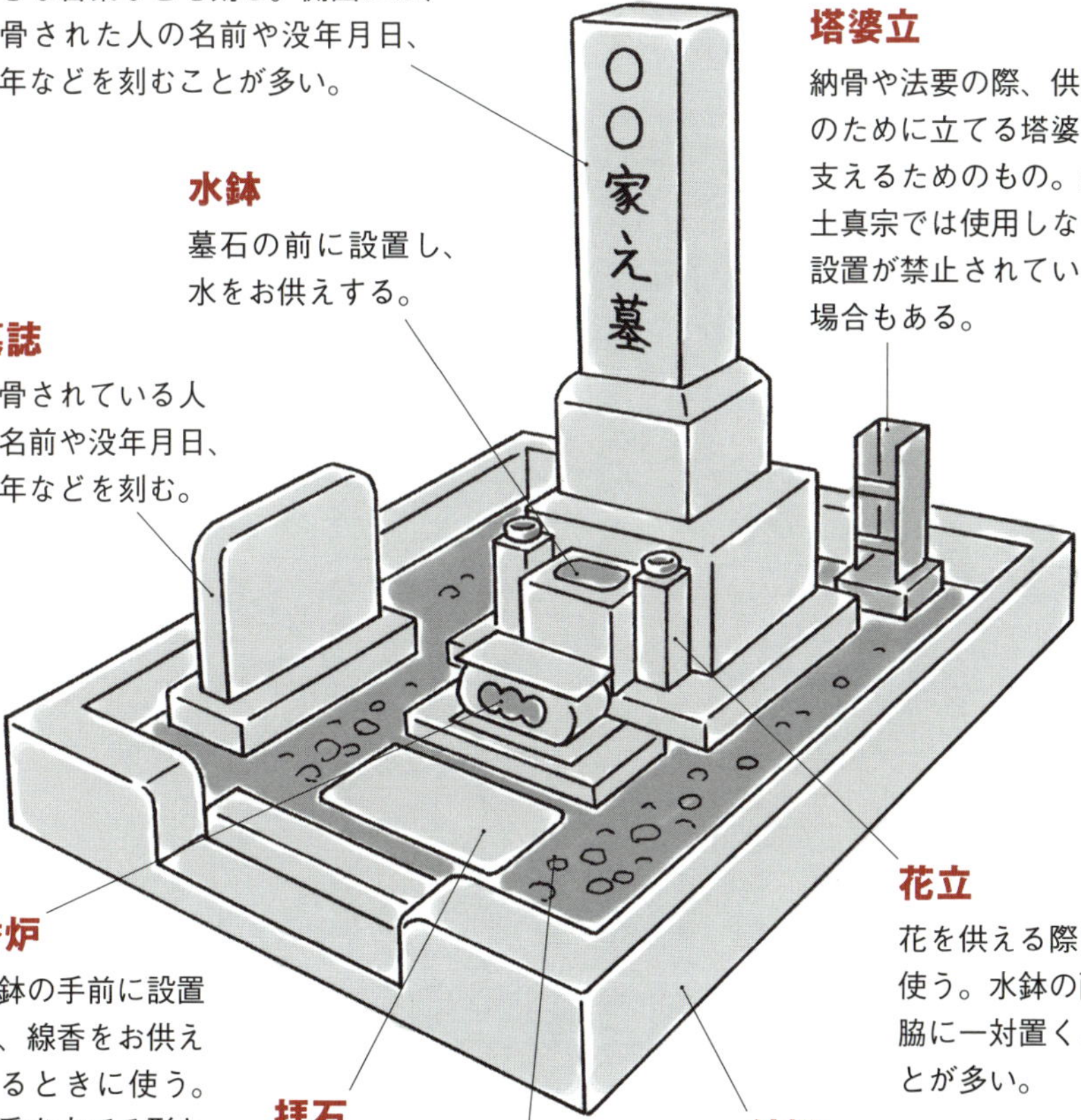

墓石（石碑）
墓標となる石。正面に家名や経文、好きな言葉などを刻む。側面には、納骨された人の名前や没年月日、享年などを刻むことが多い。

塔婆立
納骨や法要の際、供養のために立てる塔婆を支えるためのもの。浄土真宗では使用しない。設置が禁止されている場合もある。

水鉢
墓石の前に設置し、水をお供えする。

墓誌
納骨されている人の名前や没年月日、享年などを刻む。

花立
花を供える際に使う。水鉢の両脇に一対置くことが多い。

香炉
水鉢の手前に設置し、線香をお供えするときに使う。線香を立てる形と寝かせる形の2タイプがある。

拝石
カロートの蓋となっている板状の石。

外柵
区画の区切りを示す柵。設置が禁止されている場合もある。

カロート
墓石の下に作られている、遺骨を納めるためのスペース。区画の広さや墓地の環境によっては、地上に作られる場合もある。

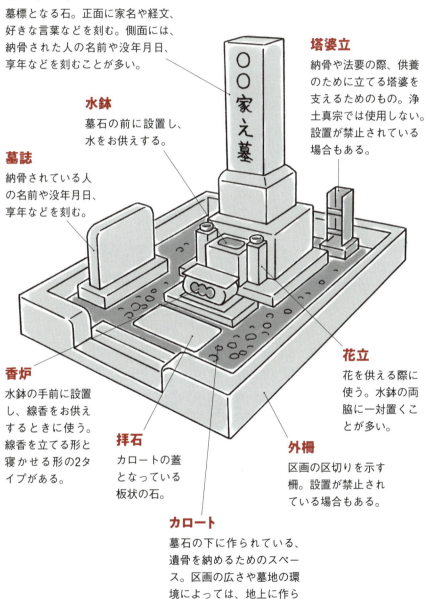

神道式のお墓

神社の敷地内にお墓はない

神道が葬送儀礼を体系化したのは、明治時代になってからです。そもそも神道では、死は「穢れ」とされるため、神社の敷地内に墓地はありません。

神道式のお墓を建てる場合は、宗教不問の霊園を探すことになります。数は多くありませんが、神社が経営主体である神道専用の霊園もあります。

墓石の形や家名の入れ方に特徴がある

神道式のお墓の構成は、仏式のお墓に似ています。

神道式ならではの特徴は、墓石（石碑）の形。和型のように縦長ですが、上部がとがった「角兜巾《かくときん》型」になっています。


お墓参りの際に線香を供える習慣がないので香炉は置かず、代わりに「八足台《はっそくだい》（八足案《はっそくあん》）」と呼ばれる台石を設置します。八足台には、榊やお供えを載せます。

墓石の正面には、「○○家奥津城《おくつき》（○○家奥都城）」と家名を刻むことが多くなっています。奥津城はお墓を意味する言葉で、家名に続けて記すことで「○○家の墓」を表します。

納骨された人の名前は、墓石の側面に霊号《れいごう》で記されます。霊号とは仏教の戒名にあたるもの。故人の姓名の後に性別・年齢に応じた謚《おくりな》と尊称をつけたものです。お墓の区画内に霊標《れいひょう》（仏式の墓誌にあたるもの）を設置し、墓石ではなく霊標に刻んでいくこともあります。

神式のお墓の例

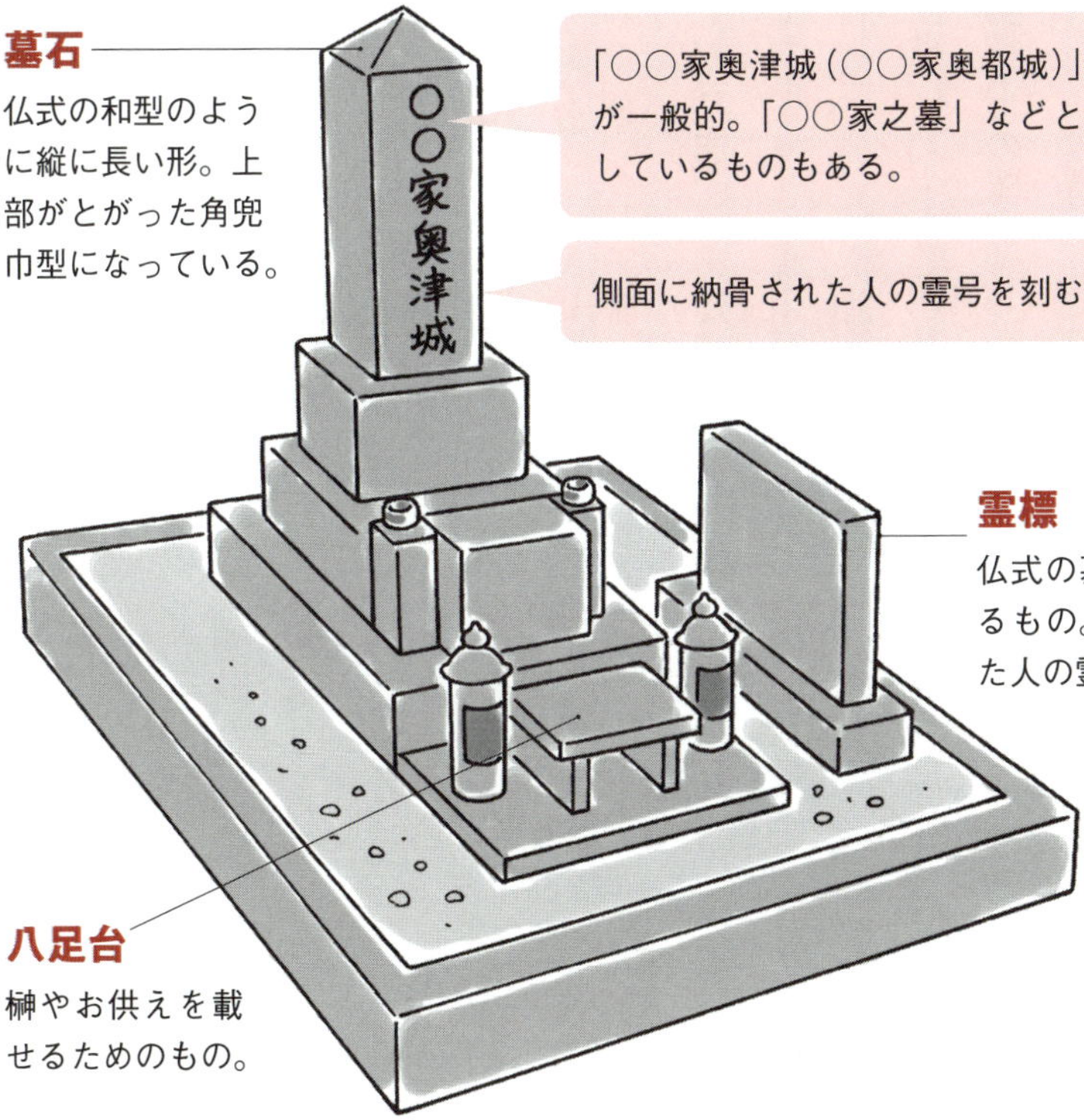

墓石
仏式の和型のように縦に長い形。上部がとがった角兜巾型になっている。

「○○家奥津城（○○家奥都城）」が一般的。「○○家之墓」などとしているものもある。

側面に納骨された人の霊号を刻む。

霊標
仏式の墓誌にあたるもの。納骨された人の霊号を刻む。

八足台
榊やお供えを載せるためのもの。

霊号とは？

故人の姓名に称名と尊称をつけたもの。諡は、性別と年齢によって異なる。

例：田中一郎大《う》人《しの》命《みこと》
（大人＝諡、命＝尊称）

諡の例

年代	男性	女性
老年	老叟	大刀自
壮年	大人	刀自
青年	彦	姫
子ども	童子	童女

キリスト教式のお墓

教会が所有する墓地や宗教不問の霊園に

キリスト教では、亡くなった人の魂は「神の元に召される」と考えられています。故人の魂はすでに地上にはないため、お墓は故人が生きた証となる記念碑のような役割を果たすものです。

キリスト教式のお墓を建てる場合、故人が所属していた教会が所有する専用墓地やキリスト教信者のための共同墓地などが候補地になります。公営墓地や、宗派を問わずに使用できる民間霊園を利用することも可能です。

お墓のデザインに決まりはない

キリスト教式のお墓は、ひとりがひとつのお墓に入る個人墓が本来の形です。ただし、日本の慣習に合わせて家族でひとつのお墓に入ったり、他の人と一緒に納骨される共同墓を選んだりする人もいます。お墓のデザインに決まりはなく、自由に作ることができます。よく選ばれるのが洋型の墓石など、高さが低いタイプのもの。墓標として十字架を立てる人もいます。

仏式のお墓にくらべて、付属品も少なめです。焼香やお供えの習慣がないため香炉や水鉢は不要ですが、ろうそく立てや献花台などは設置することがあります。

墓石に刻む文字もさまざまで、家名や故人の名前のほか、十字架や好きな言葉、賛美歌や聖書の一節などがよく選ばれます。

キリスト教のお墓を建てる場所

教会が所有する専用墓地

その教会に所属している信者のための墓地。

キリスト教信者の共同墓地

複数の教会が共同で管理している墓地。墓標の下に合葬するタイプが多い。

公営墓地

宗教・宗派を問わず利用することができる。

民間霊園

宗教・宗派を問わないところなら利用することができる。

墓石を発注する石材店が限定されるため、墓石のデザインなどが制限される可能性もある。

キリスト教式の墓石のデザインの例

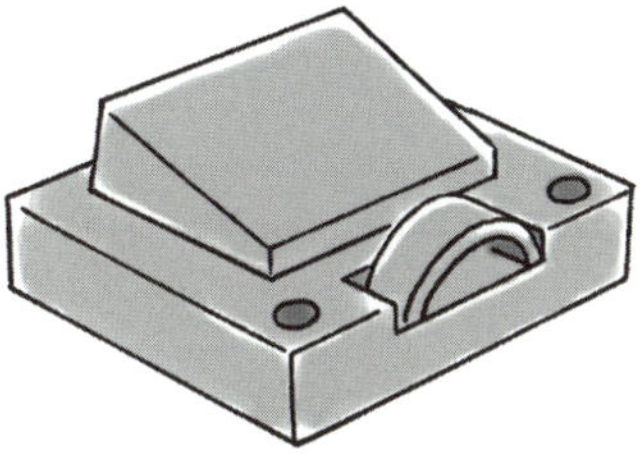

プレート型

平らな墓石を地面に置いたり埋め込んだりするタイプ。

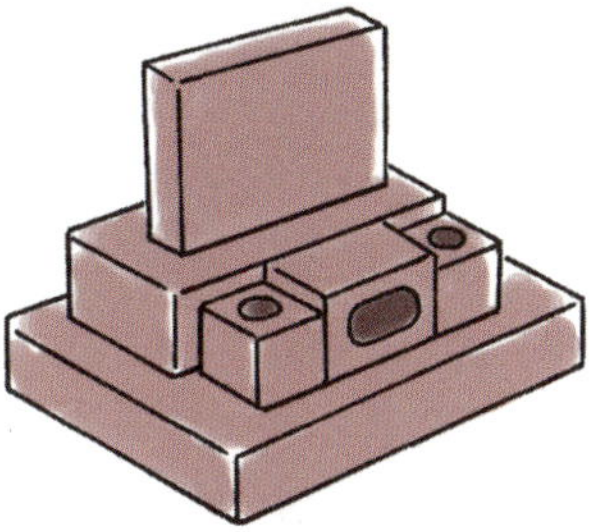

ストレート型

墓石の正面も垂直になっているシンプルな洋型墓石。

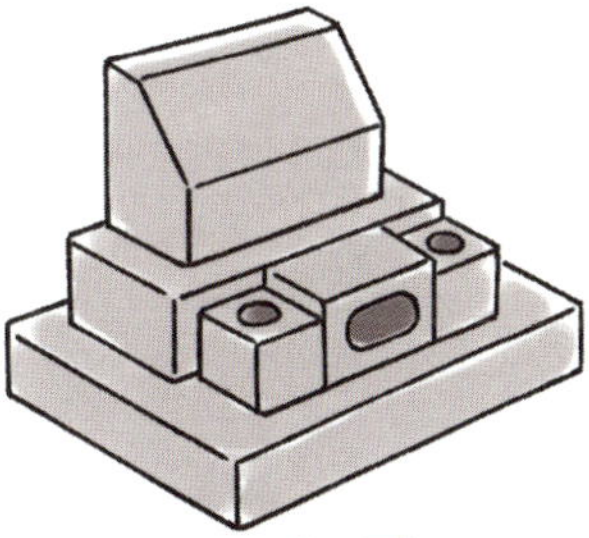

オルガン型

洋型墓石の正面に、斜めに角度がつけられているタイプ。

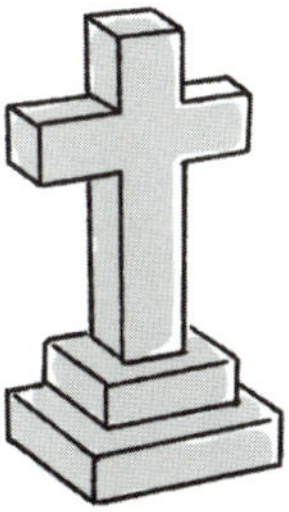

十字架

墓石の代わりに十字架を立てることもある。

一般的なお墓以外の選択肢①　納骨堂

遺骨を埋葬せず、専用スペースに収蔵

納骨堂とは、遺骨を安置して供養する専用スペースを備えた施設のこと。遺骨を収蔵するスタイルによって、いくつかのタイプに分けられます。

①ロッカー式

コインロッカーのような扉付きの棚（納骨壇）の中に骨壺や位牌を納めます。

②仏壇式（霊廟型）

ロッカー式より大きな納骨壇で、スペースの一部が仏壇になっています。

③自動搬送式（マンション式）

参拝ブースでタッチパネルなどを操作すると、遺骨や位牌がバックヤードから搬送されてきます。

④棚式

遺骨はバックヤードに納められ、お参りスペースの棚に本尊（仏像など）や位牌が並べられます。

⑤墓石式（室内墓所）

一般的なお墓を建物の中に作るイメージです。

契約期間終了後は合葬される

納骨堂の多くは永代供養墓。契約内容に応じて一定の期間は個別に安置され、その後は他の遺骨と一緒に合葬されることがほとんどです。

永代供養料に加えて管理費がかかりますが、システムの維持・管理が必要な自動搬送式の施設は管理費がやや高額です。また、墓石式の場合は、永代供養料のほか、墓石を準備する費用も必要です。

納骨堂のいろいろ

永代供養墓がほとんどだが、承継が可能なものもある。

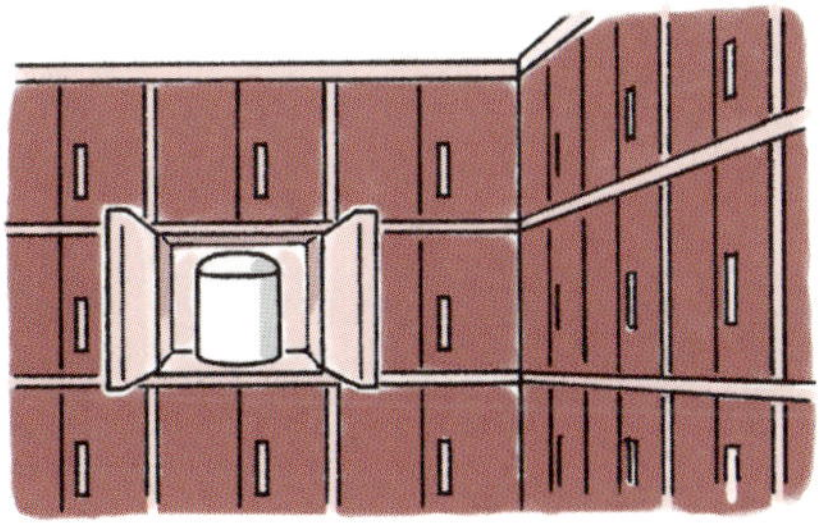

ロッカー式

位牌や遺影を置ける場合も。スペースが小さいため、比較的低額で利用できる。

仏壇式

スペースに余裕があるため、家族のお墓としての利用にも適している。

自動搬送式

交通の便のよいところにも多い。管理費がやや割高な傾向がある。

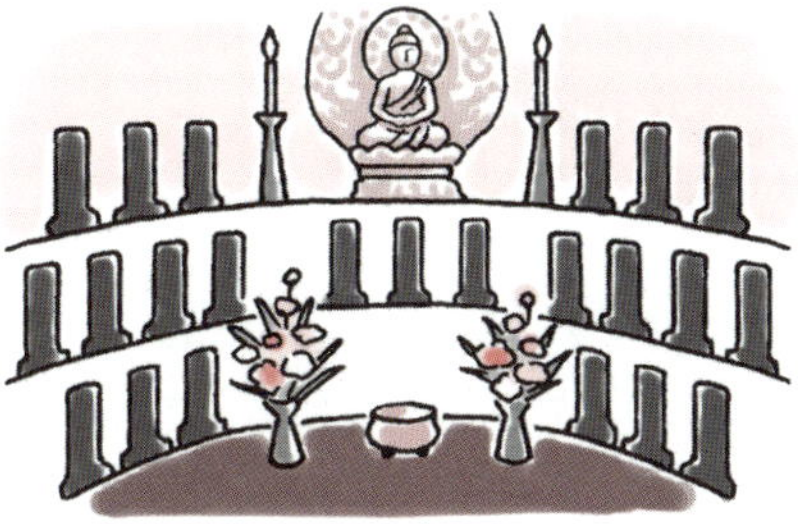

棚式

本尊がまつられたスペースに棚が設けられ、位牌が並べられる。

墓石式

通常のお墓と同様にお参りできるが、水や線香は使えないことが多い。

納骨堂の平均購入価格
（2024年）

80.3万円

出典：第15回お墓の消費者全国実態調査

一般的なお墓以外の選択肢② 樹木葬

樹木葬の墓地は3タイプ

樹木葬とは、墓石の代わりに樹木を墓標とするお墓のこと。「自然の中で眠る」というイメージやお墓づくりの費用が抑えられることなどから、利用者が大幅に増えています。

公営墓地でも、樹木葬を取り入れるところが出てきています。樹木葬のほとんどが永代供養墓なので、承継者が必要ないこともメリットのひとつです。

樹木葬は、墓地のタイプによって3種類に分類することができます。「里山型」は、自然の山林を墓地として使用するもの。「公園型」は広い敷地を公園のように整備したもの。「庭園型」は、霊園や墓地の一角に花や小さな木が植えられているものです。

納骨の方法も3種類に分けられる

納骨の方法も、3種類に分けられます。「個別型」は、1本の木の周りを1区画とし、契約者専用の区画として使用するもの。契約に応じて個人や家族、指定された人などだけが同じ区画に納骨されます。「集合型」は、1本の木の周りに複数の区画が設置されているもの。遺骨は骨壺や専用容器に入れ、ほかの人の遺骨と混ざらない形で納骨されます。「合葬型」は、区画を設けず、他の人の遺骨と一緒に納骨されるもの。遺骨はそのまま、または布の袋や木製の箱など、土に還りやすい素材の容器に納められます。個別型や集合型の場合も、契約期間を過ぎると合葬されることがほとんどです。

購入したお墓の種類と平均購入価格

出典：第15回お墓の消費者全国実態調査より作成

購入したお墓の種類の変化

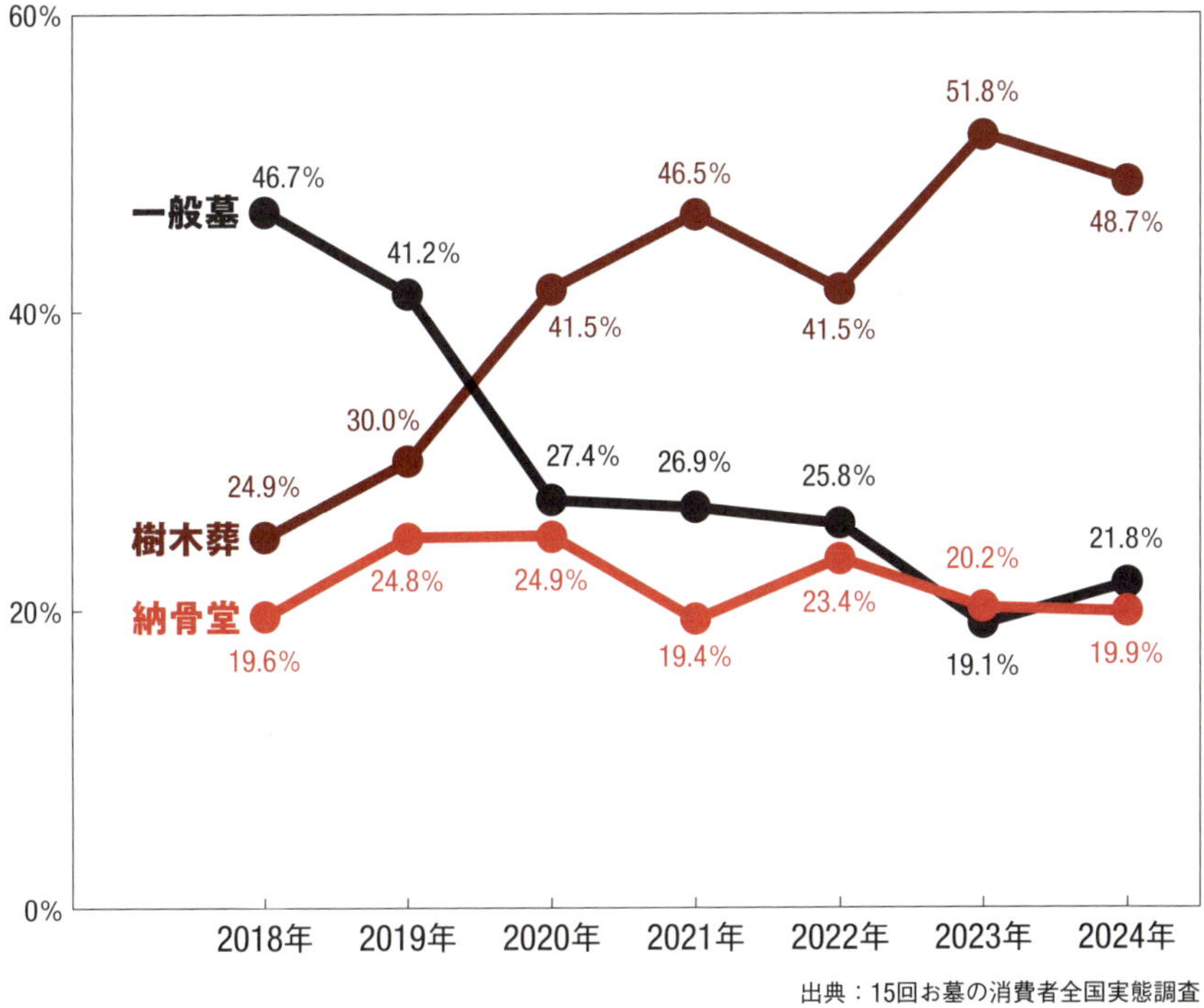

出典：15回お墓の消費者全国実態調査

お墓

樹木葬の墓地選びの際に考えたいこと

墓地のタイプによってイメージが異なる

樹木葬が最初に行われたのは1999年。お墓に対する意識の変化によって急激に人気が高まっていますが、新しいスタイルの埋葬法であるため、利用者の理解が不十分な場合もあります。事前にしっかり情報収集をし、できれば現地に出向いて見学したうえで墓地を選ぶようにしましょう。

樹木葬と呼ばれるものでも、里山型と庭園型では印象が大きく違います。また、同じ墓地の中でも納骨の方法や納骨される区画によって料金が変わってくるので注意が必要です。

里山型は自然の山林を利用するため、都市部から離れたところにあることが多く、山道を歩かなければならない場合もあります。自宅からの「行きやすさ」も確認しておきたいポイントです。

自然葬ならではの注意点も

樹木葬を選ぶ場合は、家族や親戚の同意を得ておくことも大切です。樹木葬は墓石がないため、「お墓」という実感がわきにくいことがあるからです。

骨壺を用いない納骨法の場合、遺骨を取り出せなくなることにも注意。将来的に改葬する可能性がある場合は、納骨法をきちんと確認しましょう。

また、時間の経過に伴って墓地の景観が変わったり、墓標となる木が枯れてしまったり……ということも。里山型の場合、自然災害の影響を受ける可能性もあることを理解しておきましょう。

樹木葬を選ぶ際に確認しておきたいこと

●希望するイメージに合うか

山林を生かした里山型と、人工的に整備された公園型や庭園型では印象が異なる。写真や映像ではわからない部分もあるので現地に足を運んで見学を。

●お墓参りに行きやすいか

里山型は山間部にあることが多く、都市部からのアクセスがよくないことも。最寄りの駅や駐車場からお墓までの距離や道の状態も確認しておく。

●家族や親戚が同意しているか

納骨のしかたや弔いに関する考え方は人それぞれ。樹木葬は、いわゆる「お墓」とは違うので、違和感を覚える人もいる。今後、お参りをすることになる人の意見も尊重する。

●改葬する可能性を考慮しているか

樹木葬のほとんどは永代供養墓。個別に納骨した場合も契約期間終了後は合葬される。土に還りやすい形で納骨したり合葬したりすると、遺骨を取り出せなくなるので注意。

●景観などの変化を受け入れられるか

特に里山型の場合、時間の経過とともに墓地の景観や環境が変わっていくことがある。自然を生かしながらどの程度まで整備するのかは、お墓の管理者によって方針が異なる。

お墓

一般的なお墓以外の選択肢③　散骨

遺骨を海などにまく弔いの方法

散骨とは、遺骨を粉末状にして海や山などにまくこと。日本には具体的な規定がないため、関連する法律の解釈があいまいなままでした。でも1991年、関連省庁が「葬送のために節度をもって行われる限り違法とはいえない」という非公式見解を提示。それ以降、散骨の利用者数は徐々に増加しています。

ただし弔いが目的であっても、どこにでも散骨できるわけではありません。自治体で禁止している区域があるほか、所有者のいる土地に関しては地主や近隣住民の許可が必要です。そのため現在では、比較的制約の少ない海に遺骨をまく「海洋散骨」が主流になっています。

専門業者に依頼して行う

海洋散骨は沖に出て行う必要があり、遺骨を2ミリ以下の「遺灰《いはい》」にする作業も発生するので、専門業者を通して行います。散骨のしかたは、船を借りる「個別型」、複数の家族で行う「集合型」、業者に代行してもらう「委託型」の3タイプ。どれを選ぶかによって料金は異なりますが、お墓を取得する必要がないため、費用を抑えることができます。

遺骨のすべてを散骨することもできますが、お墓がなく、遺骨も残らないことにさびしさを感じる人も少なくありません。個人の遺志なども考慮したうえで一部を海などにまき、散骨しなかった分は自宅に安置するなどして供養するケースも多いようです。

散骨の件数の推移*

＊日本海洋散骨協会への加入企業の施行件数

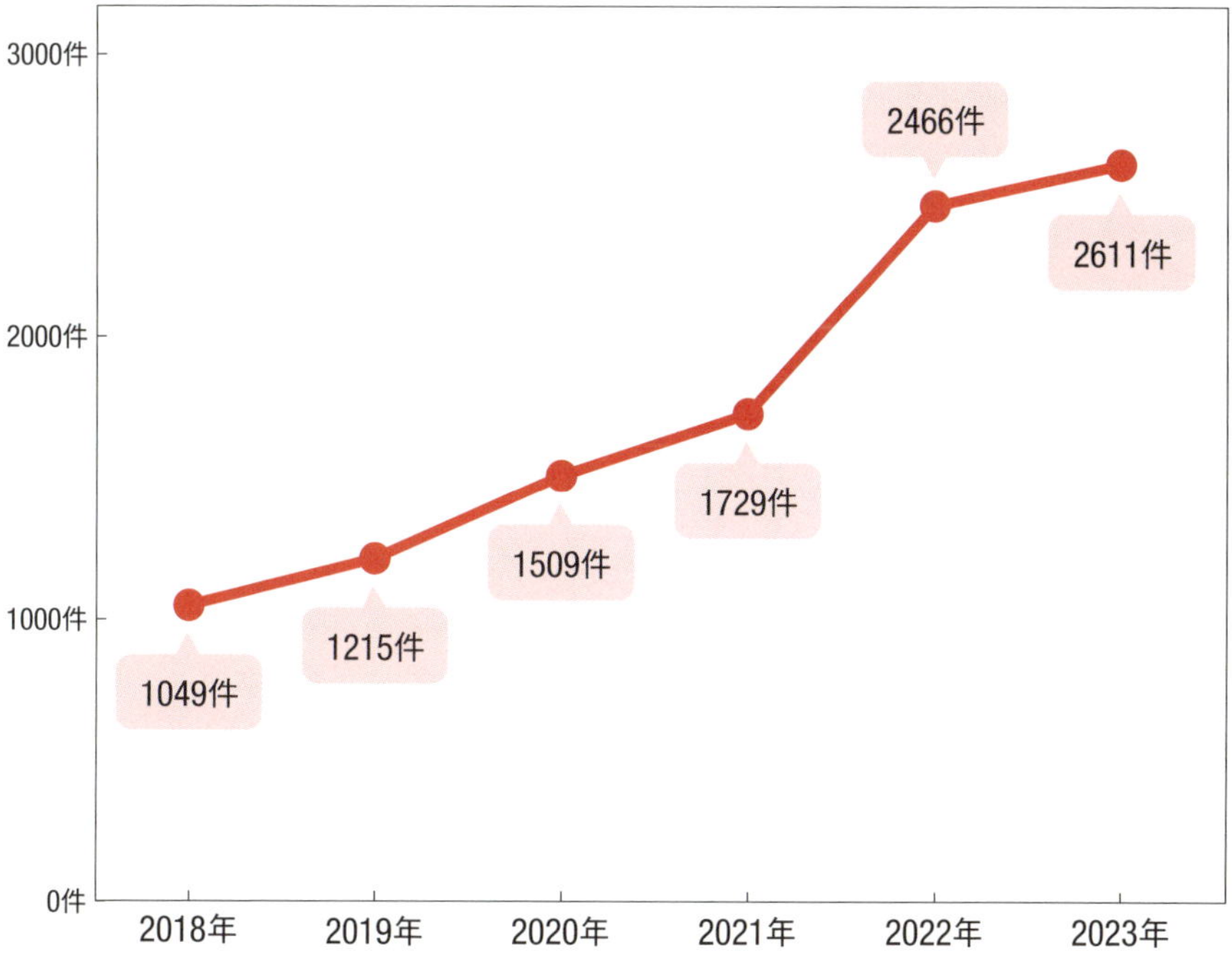

出典：日本海洋散骨協会

散骨のなるほど!

散骨には専門家のサポートが必要

散骨を行う事業者は、2020年に厚生労働省が発表した「散骨に関するガイドライン」に沿ってサービスを提供しています。この中に「散骨を行う場所」として「海岸から一定の距離以上離れた海域」という記載もあるため、海岸や堤防などからの散骨はNG。船があり、地域の情報もよく知っている専門業者と契約し、適切な場所で行う必要があります。

一般的なお墓以外の選択肢④ 手元供養

遺骨を自宅に安置して供養する

手元供養とは遺骨をお墓に納めず、自宅で供養する方法です。遺骨は、「墓地」として認められたところにしか納骨することはできません。ただし、禁止されているのは遺骨を土の中に埋めることだけ。自宅に安置することに問題はありません。

手元供養には、遺骨のすべてを手元におく方法（全骨安置）と、お墓に納める遺骨の一部を分骨して手元におく方法（分骨安置）があります。遺骨は少量であっても勝手に処分することはできないので、手元供養しているものも将来的にはお墓に納める可能性があります。納骨するときに備えて、火葬場で渡される「火葬許可証（火葬済みの証印付き）」や「分骨証明書」はきちんと保管しておきましょう。

遺骨をアクセサリーなどに加工することも

手元供養の方法として一般的なのは、骨壺を安置することです。火葬場で用意してもらえる骨壺はシンプルですが、自宅に安置することを想定した美しいデザインのものや小さなものも販売されています。好みに合うものに遺骨を移しかえるとよいでしょう。

また、遺骨をアクセサリーや小物などに加工するサービスもあります。少量の遺骨を納められるペンダントやキーホルダーのほか、遺骨からダイヤモンドなどの人工宝石を合成するものも。遺骨を納められるオブジェや遺骨を焼き込んだ陶製のインテリアグッズなども登場しています。

手元供養の方法の例

●骨壺を身近に安置する

置く場所に合わせて、インテリアになじむデザインの骨壺を選ぶとよい。

●遺骨を納めたものを身近におく

遺骨を納められるアクセサリーやキーホルダー、写真立てなどを利用する。

●遺骨を宝石などに加工する

遺骨そのものを人工宝石や陶器などに加工し、身につけたり飾ったりする。

手元供養のメリット

- ●葬儀などを終えた後も、故人を身近に感じ続けることができる。
- ●遺骨が身近にあるため、いつでも手を合わせることができる。
- ●お墓の取得や維持・管理費用を抑えることができる。

手元供養の注意点

- ●家族や親戚の理解が得られないことがある。
- ●手元供養ができる人がいなくなったときのことを考えておく必要がある。
- ●遺骨を紛失したり、盗難に遭ったりする可能性がある。

一般的なお墓以外の選択肢⑤ 本山納骨

各宗派の本山に遺骨を納める

仏教にはさまざまな宗派がありますが、各宗派の本山（宗派の開祖が納骨されているお寺）では古くから、経済的な理由などでお墓を作れない人や弔ってくれる人がいない旅人、戦で亡くなった人などを合葬していました。その習わしは現在まで受け継がれており、檀家以外の人でも本山に納骨してもらうことが可能です。これを「本山納骨」といいます。

東日本ではあまりなじみがありませんが、西日本では、遺骨を分骨して本山に納める習慣もあります。遺骨の一部を納骨する場合が多いのですが、全骨（遺骨のすべて）を受け入れてくれるお寺もあるため、納骨先の選択肢のひとつになるでしょう。

納骨費用を抑えることができる

本山納骨はもともと社会救済活動として行われていたため、利用者の金銭的な負担が軽いことも特徴のひとつです。お寺によって異なりますが、納骨は数万円から可能。納骨後の管理費などもかからないことが多いようです。

宗派を問わずに受け入れてくれる場合がほとんどですが、中には信徒であることを条件とするお寺も。稀に檀家になることを求められたり、納骨先のお寺で戒名を授かったりしなければならないこともあるので、事前の確認が大切です。また、最初から他の人の遺骨と一緒に合葬されることが多いため、いったん納骨すると改葬できない点にも注意しましょう。

本山納骨を受け入れているお寺の例

高野山真言宗総本山	高野山金剛峯寺（和歌山県）
天台宗総本山	比叡山延暦寺（滋賀県）
浄土宗総本山	知恩院（京都府）
浄土真宗本願寺派	西本願寺大谷本廟（京都府）＊原則として浄土真宗門徒のみ
浄土真宗大谷派	東本願寺大谷祖廟（京都府）＊原則として浄土真大谷派門徒のみ
日蓮宗総本山	身延山久遠寺（山梨県）＊原則として分骨のみ
曹洞宗大本山	永平寺（福井県）
臨済宗妙心寺派大本山	妙心寺（京都府）

＊一定期間、個別に供養してから合葬するお寺もある

事前に確認しておくこと

- 全骨の納骨が可能か
- 納骨の際の費用
- 納骨後の管理費の有無と料金
- 宗派が違っても受け入れが可能か
- 宗派が違う場合、信徒になる必要があるか
- 納骨後の参拝に関するルール　など

生前に準備する自分のお墓

生前に建てるお墓は縁起がよいもの

お墓を建てるタイミングは主に家族が亡くなったときですが、元気なうちに自分や家族のためのお墓を用意しておく人も増えてきました。生前にお墓を建てることを「寿陵《じゅりょう》」といい、長寿や子孫繁栄につながる縁起のよいものとされています。

自分のお墓を建てるメリットは、残された家族の負担が減ることです。お墓を探す手間や費用がかからないだけでなく、遺産相続の際の節税にも役立ちます。お墓は「祭祀財産」とみなされるため、相続税がかからないからです。

また、自分が納得できるお墓を建てられるのもよい点のひとつ。ただし、公営墓地は生前の取得が難しいことが多いので、注意が必要です。

納骨堂などの生前契約も可能

墓石を立てる一般的なお墓のほか、納骨堂や樹木葬なども生前契約が可能です。個別のスペースを使用する期間の管理費も含めて、契約時に一括で支払えることもあります。

ただし契約内容によっては、納骨前の状態でも管理費の支払い義務が生じることもあります。事前に下調べをし、費用についても確認しておくことが大切です。

お墓の生前予約をした場合、家族に伝えておくのはもちろん、契約書などもわかりやすいところに保管しておくようにしましょう。

生前にお墓を建てると……

メリット

●残された家族の負担が減る。
●自分が望むお墓を建てることができる。
●相続税対策として有効。

現金や土地 → 相続税の対象になる。

お墓や仏壇 → 「祭祀財産」となり、相続税がかからない。

相続税の基礎控除額＝3000万円＋（600万円×法定相続人の数）

→ 基礎控除額を超えた部分の金額に相続税がかかる。

例：法定相続人が2人・遺産が4500万円の場合

基礎控除額は3000万円＋（600万円×2人）＝4200万円

現金で残すと……

基礎控除額を引いた300万円に相続税がかかる。

300万円をお墓を建てる費用にあてると……

相続税がかからない。

注意点

●累代墓の場合、承継者が必要。
●生前も年間の管理費を支払わなければならないこともある。
●累代墓の場合、将来、承継者が墓じまいをする際に費用がかかる。
●遺骨が手元にあることが契約の条件になっていることが多いため、公営墓地の場合は生前の取得が難しい。

知っておきたい葬儀のマナー②

焼香の作法

数珠の持ち方

房を下にして左手の親指と人さし指の間にかける。

合掌するときはこのまま右手を添えるか、両手を合わせて数珠をかけ、両手の親指で押さえる。

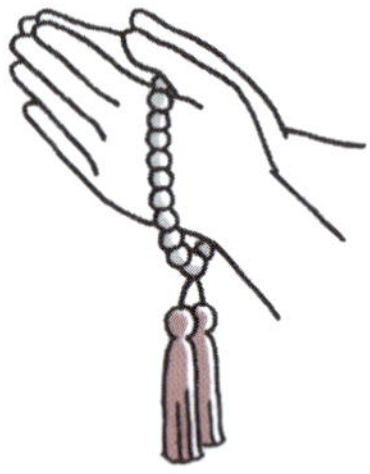

①焼香台の手前で僧侶に一礼。
②体の向きを変えて参列者に一礼。
③焼香台の前まで進み、遺影に一礼。
④右手の親指、人さし指、中指で抹香をつまむ。
⑤額の前で押しいただいて（軽くうつむいてつまんだ抹香を額の高さまで上げる）から香炉にくべる。回数は宗派などによって異なる。
⑥一歩下がり、遺影に一礼して合掌し、冥福を祈る。
⑦僧侶と参列者に一礼し、席に戻る。

＊浄土真宗の場合は、④でつまんだ抹香をそのまま香炉にくべる。

3章

「墓じまい」の知識と手順

お墓を受け継ぐ負担を自分の代で終わりしたい、などの理由から
お墓のあり方を考え直す人が増えています。

墓じまいは「遺骨の引っ越し」

墓じまいと改葬はセットになっている

「墓じまい」とは現在のお墓から遺骨を取り出し、区画を更地に戻して墓地の管理者に返還すること。ただし、取り出した遺骨は別のところに納めなければなりません。

いったん納骨された遺骨を新しいお墓に移して供養することを「改葬」といいます。墓じまいというと、「お墓をなくしてしまう」ようなイメージがありますが、実際には「遺骨の引っ越し」。お墓の場所やスタイルが変わることがあっても、供養することをやめるわけではありません。墓じまいと改葬は必ずセットになっているため、改葬の手続きまで含めて「墓じまい」といわれることもあるようです。

お墓の遠さや承継の問題がきっかけに

墓じまいを考える理由としてもっとも多いのが、お墓が遠方にあること。お墓参りをしなければ、お墓は荒れてしまいます。でも、お墓を守るためだけに年に何度も往復するのは、時間的・経済的な負担が大きすぎることもあるでしょう。

また、承継に関することも大きなきっかけになります。累代墓は、親から子へ受け継がれることがほとんど。子どもがいない場合はもちろん、お墓のことで子どもに負担をかけたくない、と考える人も増えています。お墓の承継に区切りをつけるために累代墓を墓じまいし、永代供養墓に改葬することを選ぶ人も少なくないようです。

改葬件数の推移

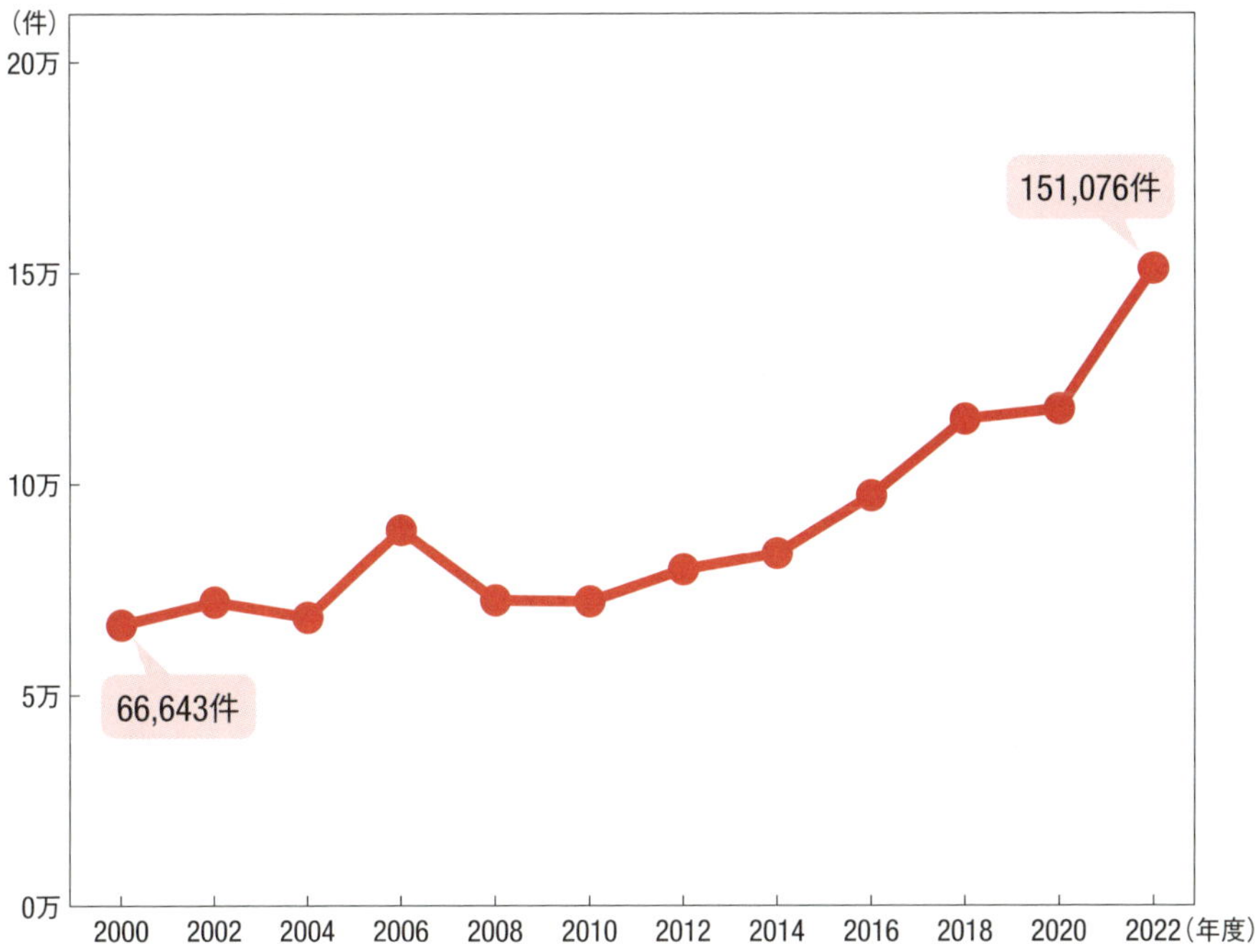

出典：「衛生行政報告例」（厚生労働省）をもとに作成

改葬・墓じまいの検討理由

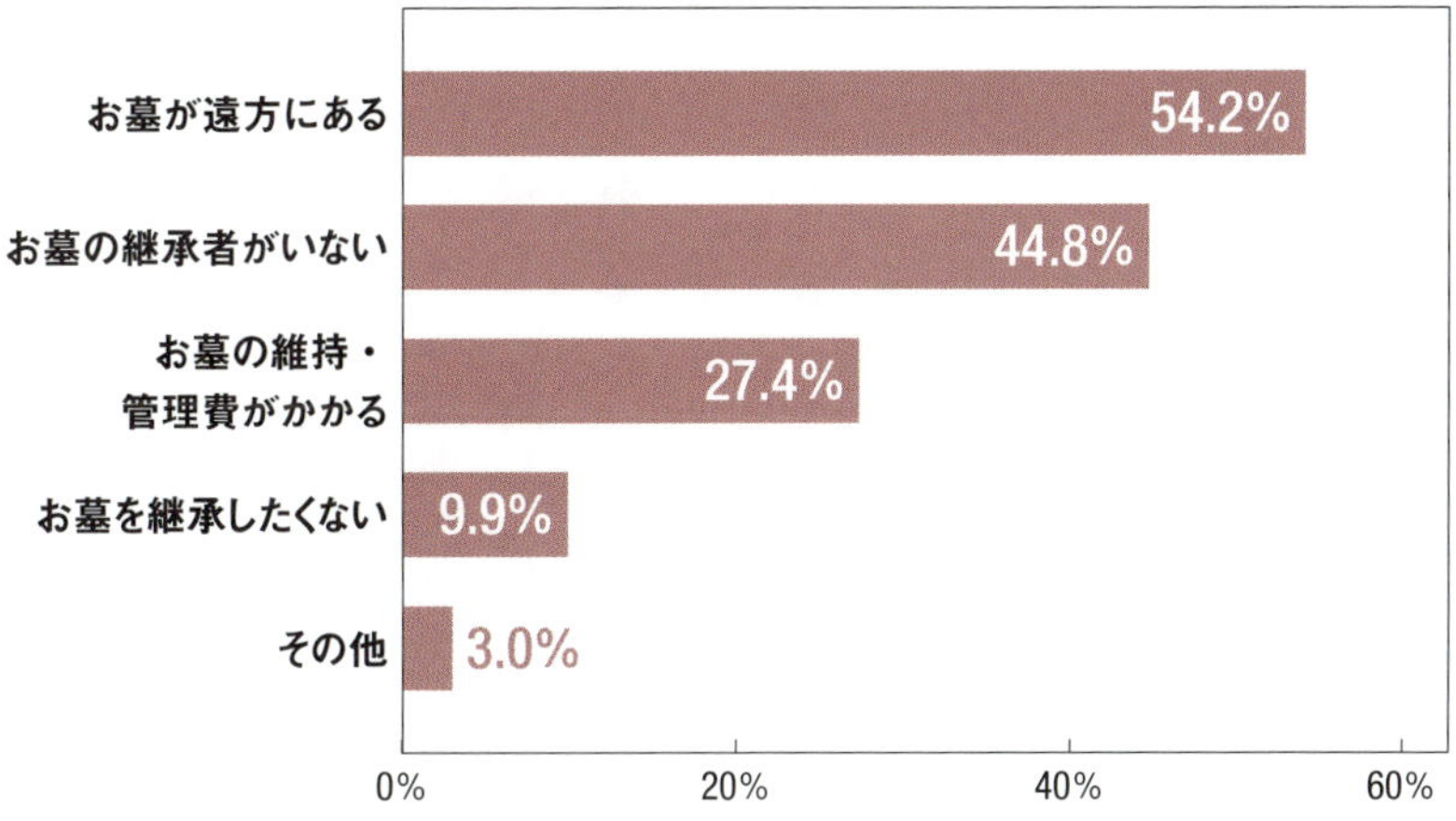

出典：第3回改葬・墓じまいに関する実態調査

お墓を放置すると「無縁墓」に

無縁墓＝管理する人がいないお墓

累代墓を維持するためには、寺院や霊園に管理費を支払う必要があります。ただし、霊園の管理者が維持・管理するのは共用スペースや設備だけ。個別のお墓の手入れは、使用者の役目です。

遠方にあるなどの理由でお墓参りができないと、お墓は荒れてしまいます。でも、お墓がどんな状態であっても、管理費が支払われている間は「維持・管理する人がいるお墓」とみなされます。

また、誰もお参りしていないお墓の中には、承継者がいなかったり、いたとしても管理費が支払われていなかったりするものもあります。このように放置されたお墓は、「無縁墓」と呼ばれます。

墓じまいは無縁墓をつくらないため

無縁墓をそのままにしておくと墓地の環境が悪くなるうえ、墓石が崩れるなどの危険もあります。そのため、無縁墓とみなされると、一定の手続きを経たうえで墓石が撤去され、遺骨は合葬されます。

ただし、墓石を撤去して更地に戻すためには手間とお金がかかります。また、撤去した墓石類はお墓の承継者の財産であるため、処分するのも簡単ではありません。

スペースに余裕のある霊園では、無縁墓を放置していることも珍しくありません。無縁墓の増加は、深刻な社会問題でもあります。将来の維持・管理のことを考えて墓じまいを検討する人も増えています。

市区町村の規模別・無縁墓の有無

（公営墓地・納骨堂のある765市町村）

人口規模	市区町村数	無縁墓がある自治体の割合
30万人以上	57	78.9%
10万人以上～30万人未満	107	65.4%
5万人以上～10万人未満	127	54.3%
5万人未満	474	55.1%

出典：「墓地行政に関する調査」（総務省）をもとに作成

無縁墓を撤去するまでの流れの例

管理料の滞納などが起こる。

民間霊園では契約内容に応じて、管理費の滞納が一定期間以上続くとすぐに撤去されることもある。

↓ 納付期限までに納付されない

管理料の支払いを電話や文書で通知。

↓ 期間内に連絡がない

墓地に「一定の期間内に申し出がなければ墓地管理者による改葬を行う」という内容の立札を設置し、官報にも掲載。

↓

無縁墓と認定。

↓

墓地の管理者による墓石の撤去。

墓じまいの前に家族・親戚との話し合いを

家族や親戚の了承を得ることが大切

お墓の承継者になると、お墓を管理する責任が生じます。同時に、遺骨の供養のしかたなどに関する決定権を持つ立場にもなります。

故人から承継者に指定された場合、承継を辞退することはできませんが、承継したお墓をそのままの形で維持する義務があるわけではありません。状況に応じて墓じまいなどの判断をするのも、承継者の役目のひとつなのです。

ただし、墓じまいをする際にもっとも大切なのが、家族や親戚の了承を得ることです。承継者の一存で進めるのは、トラブルの元。具体的な準備を始める前に、きちんと話し合っておきましょう。

複数の選択肢を用意して意見を求める

お墓に対する思いは、人それぞれです。先祖代々のお墓がなくなることに喪失感を覚える人もいれば、改葬することに抵抗がある人もいるでしょう。

承継者が遠方に住んでいる場合、管理しやすい場所にお墓を移すのは現実的な判断です。でも、自分が知らないうちにお墓参りをしていた親戚もいるかもしれません。

家族や親戚と話し合う際は、今後の方向性を「相談する」形をとるようにしましょう。承継者が決めたことを報告するのではなく、改葬したい理由などをていねいに説明したうえで、できれば複数の選択肢を示して意見を求めるのが理想です。

家族・親戚と相談しておくこと

●墓じまい・改葬をしたい理由

承継者が遠方に住んでいるためお墓の維持・管理が難しい、自分の後の承継者がいない、など具体的に伝える。

墓じまいが「お墓をなくしてしまって供養をやめること」ではない、という点も理解してもらう。

●改葬先として考えている場所

現在のお墓から離れたところ（承継者が住む地域など）に移す場合、地元で暮らす親戚にはていねいに事情を説明する。

●誰が費用を負担するのか

改葬の費用は、承継者が負担するのが一般的。家族や親戚の援助を求める場合は、おおよその金額を含めて相談しておく。

●改葬先での供養のしかた

納骨堂や樹木葬など新しいタイプのお墓への改葬や散骨を考えている場合は、家族や親戚の意見も尊重する。

改葬先の候補が永代供養墓なら、いずれは合葬されることも含めて説明しておく。

改葬のしかたのいろいろ

改葬＝墓じまいとは限らない

改葬のしかたには、いくつかの種類があります。改葬するからといって、墓じまいをしなければならないわけではありません。

家族・親戚の希望やお墓を移したい理由によっては、墓じまいをせずに改葬する方法が適していることもあります。話し合いの際に選択肢として提示することもできるので、知っておくと役立ちます。

❶すべての遺骨を取り出し、墓石は撤去する

墓石類を撤去し、区画を更地にしてお墓の管理者に返還する方法。カロートの中の遺骨はすべて、新しいお墓に移します。

新しいお墓も累代墓の場合、撤去した墓石類を移送して使うことも可能です。ただし、解体費用と運搬料、移送先での設置費用がかかります。また、移送先の区画の広さや形によっては使えないもの（外柵など）も出てきます。

❷一部の骨壺だけを改葬する

カロートに納められている骨壺のうち、特定のもの（両親の分だけなど）を取り出して改葬します。

❸分骨する

カロートに納められている骨壺から、遺骨の一部を取り出して改葬します。

❶の場合は、墓じまいをすることになります。❷、❸の場合は、墓じまいはせずに現在のお墓を維持することができます。取り出した骨壺や分骨した遺骨は、新しいお墓に納骨します。

改葬のしかた

❶墓じまいをする改葬

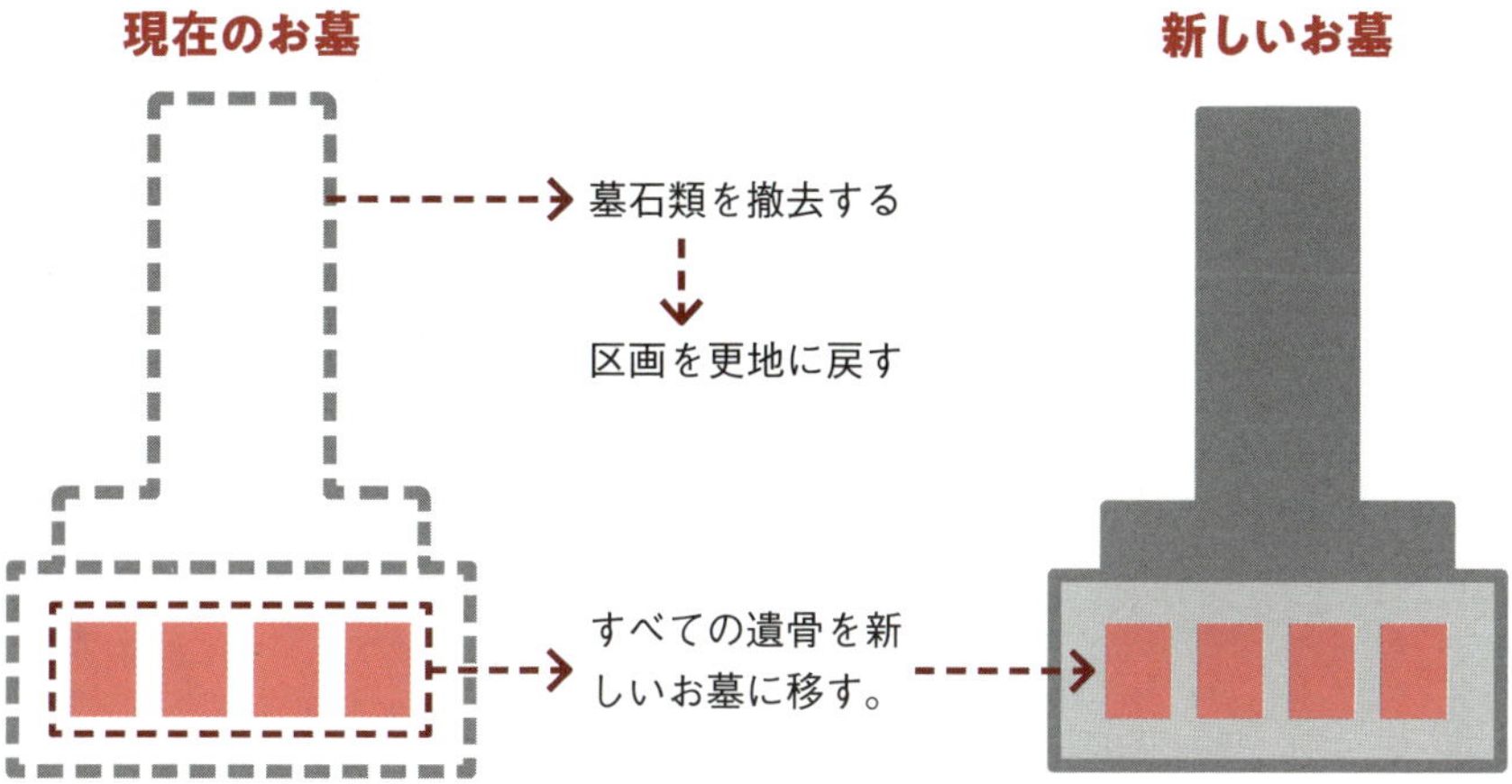

❷❸墓じまいをしない改葬

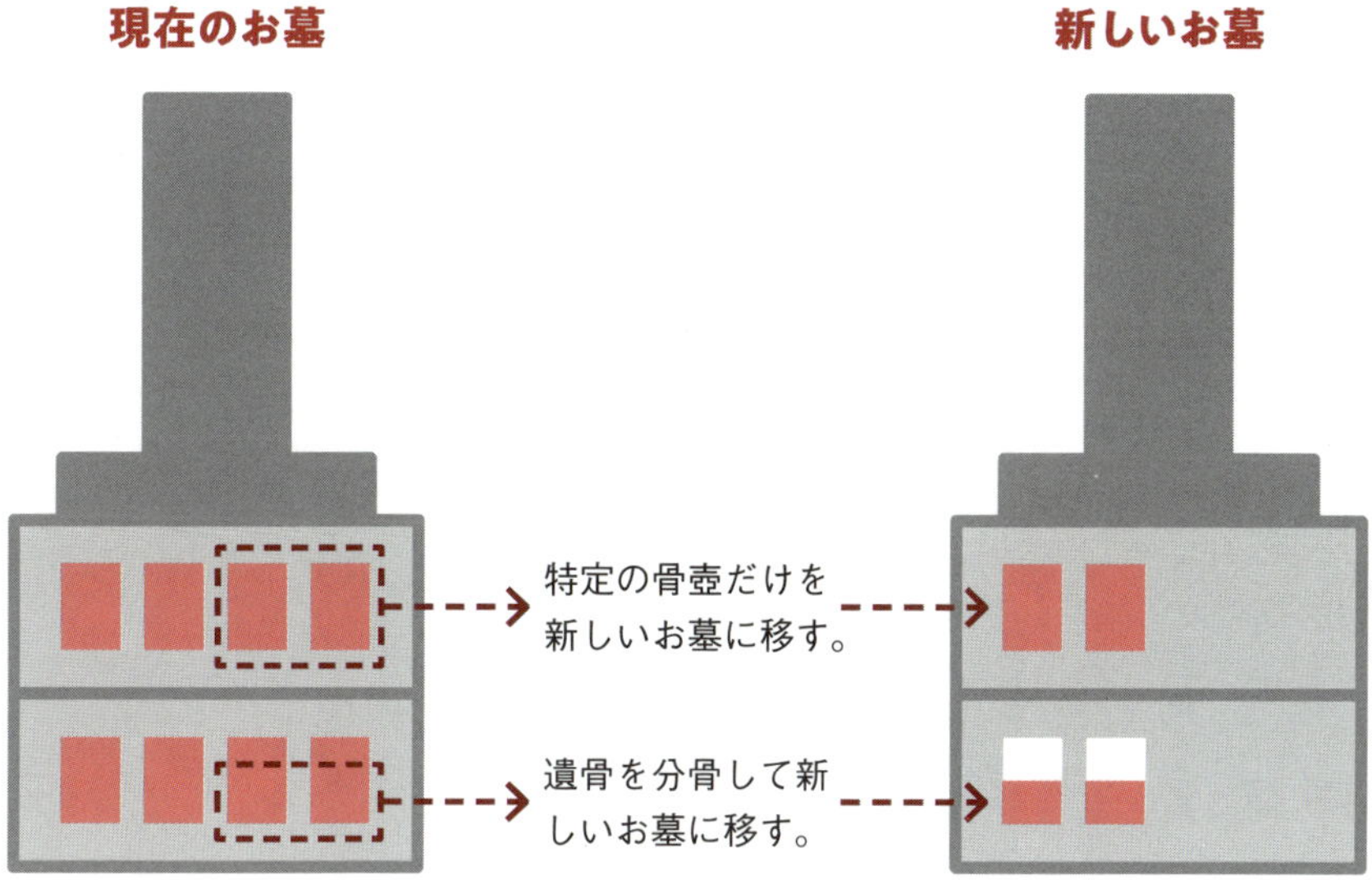

改葬・墓じまいの進め方

改葬先を探すことから始める

改葬や墓じまいに関する家族・親戚の同意が得られたら、まずは改葬先のお墓を探します。墓じまいをすると遺骨を安置する場所がなくなるため、先に新しいお墓を決めておく必要があるからです。また、行政上の手続き（130ページ〜）を進める際、遺骨の受け入れ先が発行した証明書類も求められます。

新しいお墓の準備と並行して進めておきたいのが、現在の墓地の管理者への連絡です。公営墓地や民間霊園の場合は、利用をやめることを伝えて工事の相談などをします。寺院墓地の場合は、離檀料などの問題が発生することもあるので、できるだけ早い段階で相談するようにしましょう（146ページ）。

新しいお墓の準備をしながら行政手続きを

改葬先が決まったら、行政手続きを進めます。今のお墓と新しいお墓、それぞれの所在地で手続きが必要なので、事前に流れを整理しておくとよいでしょう。

新しいお墓の準備が整い、必要な手続きも終わったら、現在のお墓から遺骨を取り出し、墓石類を撤去する工事を行います。取り出した遺骨を新しいお墓に納骨すれば、改葬と墓じまいは終了です。

新しいお墓の準備が間に合わなかった場合、遺骨は自宅に安置しても構いません。現在のお墓や新しいお墓を管理する霊園やお寺に相談すると、一時的に遺骨を預かってもらえることもあります。

改葬・墓じまいの流れの例

家族や親戚との話し合い

↓

改葬先を探す（82ページ～）

↓

現在の墓地の管理者に連絡

寺院墓地の場合は、早めに相談を！

↓

行政手続き（130ページ～）を進める

↓

お墓を建てる場合

新しいお墓の墓石などの準備を進める

↓

新しいお墓の完成

納骨堂や樹木葬を選んだ場合

新しいお墓の管理者と契約する

↓

今あるお墓から遺骨を取り出し、墓石類を撤去

↓

新しいお墓に遺骨を納める

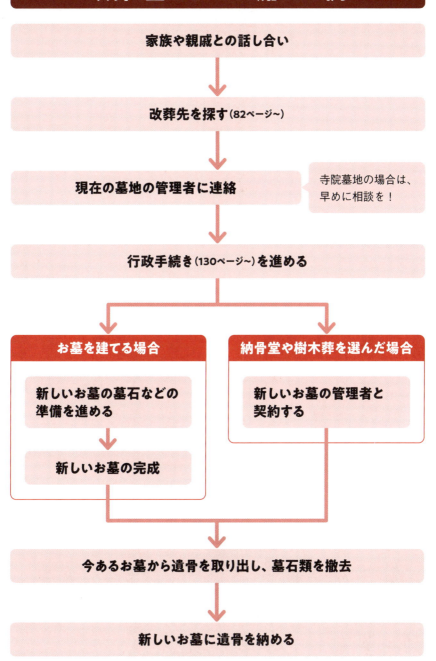

改葬許可証の申請に必要なもの

申請には受け入れ先の証明が必要

改葬先が決まったら、新しいお墓の管理者に「受入証明書」を発行してもらいます。これは、現在のお墓から取り出した遺骨の納骨先が決まっていることを証明するものです。自治体によっては、新しいお墓と契約した際に発行される「使用許可証」で代用できる場合もあります。

次に、現在のお墓がある自治体の「改葬許可申請書」を準備します。市区町村役場に置かれているほか、自治体のホームページからダウンロードできる場合もあります。改葬許可申請書は、遺骨1体につき1枚必要です。何代も続くお墓を墓じまいするなら、墓石の側面や墓誌を確認し、納骨されている人数と名前を把握しておくとよいでしょう。

墓地の管理者による遺骨の所在地の証明も

改葬許可申請書には、現在のお墓の管理者の署名が必要です。申請者（墓地の使用者）が記入する項目を埋めたうえで、署名・捺印を依頼しましょう。

また、改葬許可を申請する際には現在のお墓の管理者が発行する「埋蔵・収蔵証明書」も必要。署名・捺印を終えた改葬許可申請書と一緒に受け取れるよう、事前に依頼しておきましょう。

自治体によっては、改葬許可申請書の一部に「埋蔵・収蔵証明」の欄が設けられていることもあります。その場合は、お墓の管理者にその欄に記入してもらえば証明書の代わりになります。

改葬許可申請書の記入例

死亡者	埋葬場所	○○県中央町9-8-7　××寺 ❶		
	本籍	○○県一番町2-3-4		
	住所	○○県一番町2-3-4		
	氏名・性別	田中一郎 ❷	男・女・不詳	
	申請者との続柄	父		
	死亡年月日	×× 年 12 月 1 日		
	埋葬年月日	×× 年 1 月 15 日		
改葬	改葬の理由	管理が困難なため、墓地移転のため　など		
	改葬の名称及び場所	△△県本町5-6-7　△△霊園 ❸		
申請者	住所	△△県東町3-2-1		
	氏名	田中花子	電話番号	000-000-0000
	墓地使用者との関係	本人		

上記埋葬の事実を認めます。
×× 年 9 月 25 日

❹
墓地管理者氏名　印　電話番号

住所

❶現在埋葬されている霊園の住所
❷名前がわからない先祖の場合、「○○家先祖代々」と記入
❸新しいお墓の所在地や名称
❹現在のお墓の管理者に記入、捺印してもらう

改葬に必要な手続き

書類をそろえて自治体に申請する

改葬許可申請書に必要事項をすべて記入したら、受入証明書と埋蔵・収蔵証明書を添えて、今のお墓の所在地の市区町村役場に提出します。自治体によっては、申請者と亡くなった方との続柄や、亡くなった日を証明する書類（戸籍・除籍謄本）などの提出も求められます。

申請書や書類に加えて申請者の身分証明書や印鑑も必要な場合があるので、持参しましょう。また、改葬許可の申請に手数料がかかる自治体もあります。

申請が受理されると、「改葬許可証」が発行されます。即日発行される場合もありますが、自治体によっては数日~1、2週間かかるので、早めに申請を済ませておくと安心です。

新旧のお墓の管理者に許可証を提示

改葬許可証は、現在のお墓から遺骨を取り出す際と新しいお墓に納骨する際、それぞれのお墓の管理者に提示します。改葬先が納骨堂や樹木葬である場合も、改葬許可証が必要です。

例外は、取り出した遺骨を散骨する場合です。改葬の定義は、「今あるお墓から別のお墓に遺骨を移す」こと。散骨はお墓を作らないため、改葬にはあたらないのです。

ただし、遺骨を取り出すためには何らかの手続きが必要です。自治体によって対応が異なるので、現在のお墓がある自治体に確認するとよいでしょう。

改葬許可証の申請に必要なもの

改葬許可申請書	必要事項を記入し、今あるお墓の管理者に署名・捺印してもらう。

＋

改葬先のお墓が発行する受入証明書	墓地などの使用許可証で代用できることもある。

＋

現在のお墓が発行する埋蔵・収蔵証明書	改葬許可申請書の埋蔵・収蔵証明欄に記入してもらう場合もある。

現在のお墓がある自治体に申請

自治体によっては必要
- 故人と申請者の続柄や亡くなった日を証明する書類（戸籍・除籍謄本）
- 申請者の身分証明書
- 申請者の印鑑　など
- 手数料

↓

改葬許可証	現在のお墓で遺骨を取り出す際や新しいお墓に納骨する際、墓地の管理者に提示する。

改葬・墓じまいにかかる費用

費用の内訳は3項目

改装・墓じまいにかかる費用は、大きく3項目に分けられます。

❶墓じまいのための費用

今あるお墓から遺骨を取り出し、墓石類を撤去します。墓地に区画を返還する際は、原状復帰する(利用前の状態に戻す)ことが条件。地下のカロートも含めて解体・撤去し、更地に戻さなければなりません。

遺骨の取り出しを含めて石材店に依頼するのが一般的ですが、墓石の撤去工事と遺骨の取り出しは別料金の場合が多いようです。

❷新しいお墓にかかる費用

遺骨の納骨先を用意します。納骨堂や樹木葬の場合は契約すれば納骨することができますが、一般的なお墓の場合は、墓石類の購入や加工、墓地に設置するための工事なども行うことになります。

❸その他の費用

現在のお墓から遺骨を取り出したり新しいお墓に納骨したりする際に法要を行う場合、僧侶へのお布施が必要です。また、現在のお墓や新しいお墓が寺院墓地の場合、墓じまいをする際の離檀料（148ページ）や、新しく檀家になるための入檀料を求められることもあります。

今あるお墓の墓石類を新しいお墓で使いたい場合、運搬費も発生します。移送する墓石のサイズや量、移動距離などによっては高額になるので、注意が必要です。

改葬・墓じまいにかかる3つの費用

1 墓じまいのための費用

- 墓石類の解体・撤去
- 遺骨の取り出し　など

墓石の撤去費用は、1㎡あたり10万～15万円程度といわれている。

2 新しいお墓にかかる費用

- お墓の取得（永代使用の契約）や納骨先との契約
- 墓石類の準備（一般的なお墓の場合）　など

3 その他の費用

- 法要を行う場合のお布施
- お寺への離檀料や入檀料
- 墓石の運搬費
- 行政手続きのための手数料　など

改葬・墓じまいの実施費用

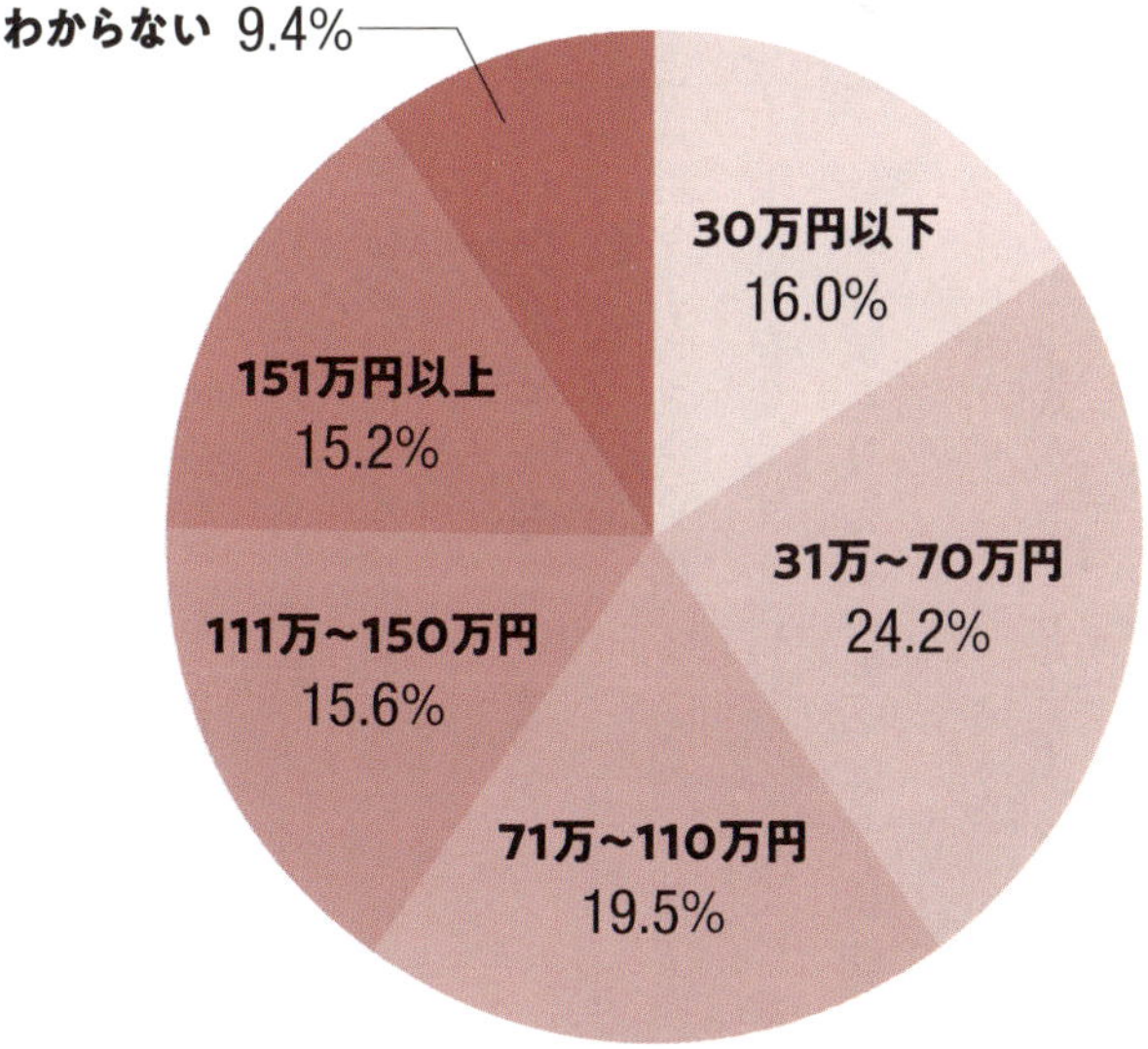

出典：第3回 改葬・墓じまいに関する実態調査

改葬・墓じまいの代行サービス

墓じまいをプロに依頼することもできる

改装や墓じまいの準備に時間をかけられなかったり、進め方に不安があったりする場合、「墓じまい代行サービス」を利用する方法もあります。専門業者のほか、石材店がサービスのひとつとして行っていることも多いようです。

依頼できる内容は、現在のお墓からの遺骨の取り出しと墓石類の撤去、改葬許可申請に関する書類の取り寄せや提出、新しいお墓への納骨など。業者によっては、改葬先の墓地の紹介なども行っています。

ただし、民間霊園や寺院墓地で指定石材店がある場合は注意が必要。墓じまいに必要な墓石の解体・撤去の作業は、指定石材店以外には依頼することができません。指定石材店が行う墓じまい代行なら問題ありませんが、その他の石材店の代行サービスを利用するのは難しいでしょう。

料金は主に区画の広さで決まる

墓じまい代行サービスを利用する場合、まずはインターネットで情報を集めます。候補をいくつか選んで連絡し、必ず見積もりを取ったうえで依頼先を決めましょう。

墓じまいに必要な一式がセットになったプランの場合、お墓の広さを基準にして基本料金が設定されている場合がほとんどです。費用を抑えたい場合は、必要なサービスだけ選べるところに依頼すると無駄がありません。

代行サービスを利用する場合の流れ

自分で行うこと

依頼先の情報収集

↓

複数の業者に見積もりを依頼する

↓

依頼先を決める

↓

新しいお墓の準備 → 行政手続き

墓地の紹介をしてくれる業者もある

↓

現在のお墓からの遺骨の取り出し

遺族が立ち会わない場合、自宅や新しい納骨先へ遺骨を移送してもらうことも可能。

↓

新しいお墓への納骨

代行サービスに頼めること

注意!

- 書類への記入は本人でなければできない。
- 代行業者による手続きを受け付けていない自治体もある。

行政手続き

各種書類の取り寄せや提出代行など。

↓

現在のお墓からの遺骨の取り出し

↓

現在のお墓の解体・撤去

↓

新しいお墓への納骨

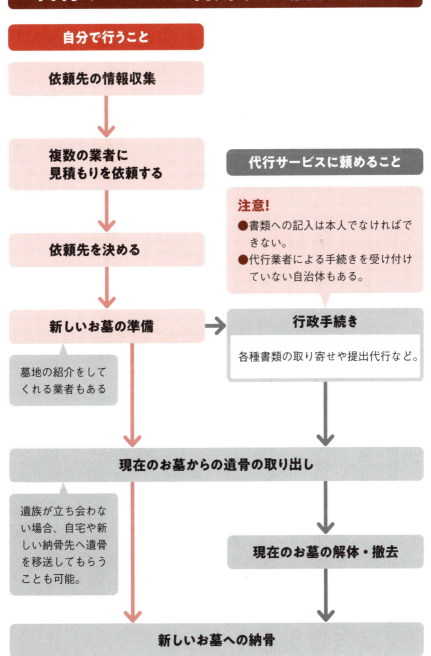

墓じまいへの公的サポート

無縁墓対策として墓じまいを後押し

承継者がいないなどの理由で放置されてしまう無縁墓（122ページ）は、地域にとって深刻な問題です。無縁墓の増加は、墓石の撤去などに手間と費用がかかることも理由のひとつでしょう。

無縁墓を増やさないためには、お参りができないお墓をそのままにせず、使用者が墓じまいをすることが有効。自治体の中には、墓じまいを促進するために公営墓地の区画を返還する際の補助金制度などを設けているところもあります。

内容や金額は自治体によって異なりますが、たとえば墓石を撤去して更地に戻す費用の一部が助成される、というものがあります。工事費用はいったん全額支払わなければなりませんが、区画を返還した後、申請すれば補助金が給付されます。また、墓じまいをして墓地を返還したのが契約してから一定の期間内だった場合、納付済みの永代使用料の一部が返還される例もあります。

墓じまいの前に補助金制度の有無を確認

改葬や墓じまいへの補助金制度を設けている自治体は、まだそれほど多くありません。でも、公営墓地にあるお墓の墓じまいを考えている場合は、活用できる制度があるかどうか調べてみるとよいでしょう。使用者（承継者）がお墓から離れたところに住んでいる場合は、居住地ではなくお墓の所在地の自治体の制度を確認します。

墓じまいへの補助金などの例
（公営墓地が対象）

2024年9月現在

千葉県市川市	**◆墓地使用料の返還** 使用許可から3年以内に未使用（更地）で墓地を返還した場合は納付した墓地使用料の1/2、それ以外の場合は1/4を返還。 **◆原状回復費用の助成** 墓じまいをして区画を更地にする費用の全部または一部を助成。
千葉県浦安市	**◆墓石撤去費などの助成** 墓じまいをして区画を更地にする費用に対して、返還後に補助金（上限は15万円）を交付。 **◆合祀室への改葬の許可** 墓じまい後の改葬先として、同じ墓地内の合葬式墓地（合祀室）を無料で使用することができる。
群馬県太田市	**◆墓石撤去費などの助成** 墓じまいをして区画を更地にする費用の総額または20万円（いずれか金額が低いほう）を助成。
大阪府泉大津市	**◆墓地使用料の返還** 墓地を返還した場合、使用開始から15年未満なら50/100、30年未満なら30/100の墓地使用料を返還（一部の墓地については個別に確認が必要）。

＊制度が適用されるのはお墓の所在地が上記の市である場合。

墓じまい

分骨を希望するとき

遺骨を複数の場所で供養する

遺骨を複数に分けることを分骨といいます。お墓が遠方にあるために改葬を考えている場合、分骨も選択肢のひとつになります。

お墓の近くに住む家族や親戚がいるなら、現在のお墓を残すことも可能です。承継者は一部を分骨し、自分が住む地域に新しくお墓を準備すれば、こまめにお参りすることができます。

また、墓じまいに反対する家族や親戚がいる場合、分骨してそれぞれで供養を続けられるようにすることで解決する例もあります。そのほか改葬先が合葬墓だったり散骨したりする場合、遺骨の一部を手元供養する人もいるようです。

墓地の管理者に分骨証明書の発行を依頼

分骨には、「分骨証明書」が必要です。墓じまいのタイミングで行うなら、改葬許可申請書に署名してもらう際に墓地の管理者に依頼します。分骨証明書は、遺骨を取り出すときのほか、新しいお墓に納骨する際にも石材店や墓地の管理者に提示します。

以前のお墓を残しているなら、分骨した遺骨を新しいお墓に納めることは「改葬」にはあたりません。分骨証明書を提示すれば納骨することができます。

分骨した遺骨を手元供養したり、合葬墓以外のお墓に納めたりするなら、分骨証明書は保管しておきましょう。手元の遺骨をお墓に納めたり、もう一度改葬したりする際に必要になります。

分骨後の供養のしかたの例

現在のお墓を残す

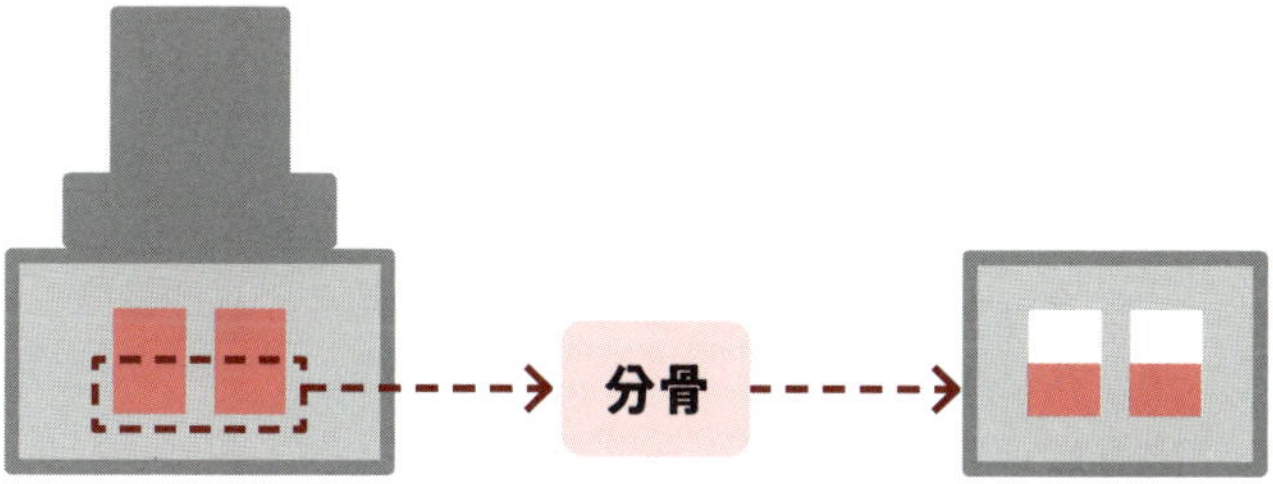

お墓の近くに住む家族や親戚
現在のお墓を管理する。

承継者
自分がお参りしやすいところで供養する。

現在のお墓を墓じまいする

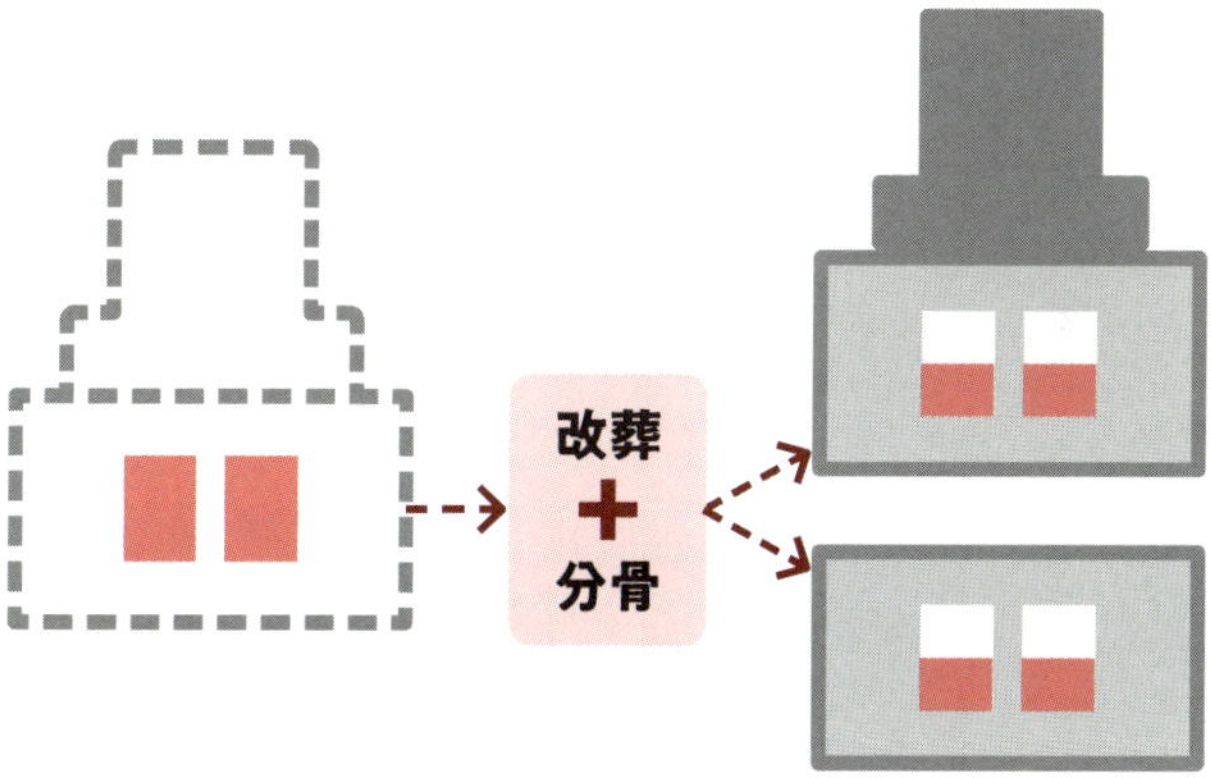

承継者
自分がお参りしやすいところに改葬する。

お墓の近くに住む家族や親戚
お参りしやすいところで供養する。

分骨の手順

①お墓の管理者に分骨証明書を発行してもらう（＊）。
②分骨用の骨壺を用意する。
③骨壺を取り出す。カロート（納骨スペース）を開けるので石材店に依頼するのが一般的。簡単に取り出せる構造なら、自分で作業してもよい。
④分骨する。
⑤それぞれ供養する場所へ。
＊葬儀の後、火葬場で分骨してもらう場合は火葬場に依頼。

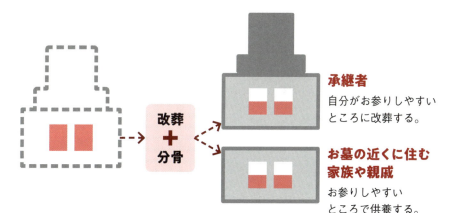

墓じまい

遺骨の運び方とメンテナンス

遺骨は郵送することもできる

墓じまいをして改葬する場合、取り出した遺骨を新しい納骨先まで運ぶ必要があります。電車や飛行機など公共交通機関を使う場合は、他の乗客への配慮を忘れずに。割れないようにしっかり梱包したうえでバッグに入れるなど、見た目で骨壺だとわからないようにする工夫をしましょう。

飛行機の場合、梱包後のサイズが規定範囲内であれば手荷物として機内に持ち込むことができます。サイズによっては座席上部の棚に入れなければならないこともあるので、事前に航空会社に確認しておくとよいでしょう。

日本郵便の「ゆうパック」では、遺骨を郵送（送骨）することも可能です。蓋が開いたり割れたりしないよう、緩衝材を詰めた箱に入れて送りましょう。墓地に直接送る場合は、受け取り可能であることを事前に確認し、改葬許可証も同梱しておきます。

改葬前に洗骨したほうがよい場合も

カロートから取り出した骨壺には、水や土が入り込んでいることがあり、遺骨にカビや汚れがついている場合もあります。気になるときは、新しいお墓に納める前に洗骨をしましょう。

自分で行うこともできますが、衛生面などを考えると、専門業者に任せるのが安心です。遺骨の状態などにもよりますが、骨壺ひとつあたり2～3万円ほどが相場のようです。

遺骨を郵送する場合の注意点

日本郵便の「ゆうパック」を利用。

↓

骨壺に水や土が入り込んでいた
場合は取り除いておく。

↓

骨壺の蓋が外れないように、
テープでしっかり留める。

↓

骨壺をポリ袋に入れて
口を閉じる。

↓

骨壺を箱に入れ、
まわりに緩衝材を詰めて
骨壺が動かないようにする。

↓

箱の蓋をしっかり閉じる。

ネットショップでは、骨壺に合うサイズの箱や緩衝材などがセットになった「梱包キット」も販売されている。

品名は「遺骨」とする。

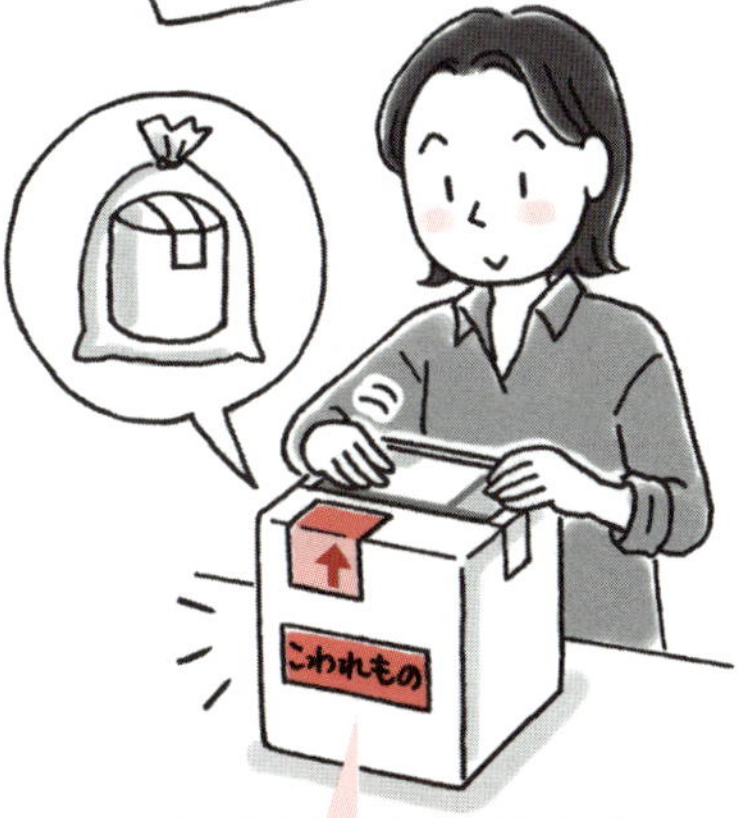

「割れ物」のシールを
貼っておくとよい。

送骨のあれこれ

遺骨は補償の対象外

ゆうパックには、荷物の紛失や破損に対する損害賠償制度があり、30万円（セキュリティサービスを付けた場合は50万円）を上限とする実際の損失額が補償されます。ただし、遺骨には金額をつけられないため、紛失などの事故があった場合も補償の対象にはなりません。

閉眼供養と開眼供養

遺骨を取り出す前に行う閉眼供養

改葬許可証があればお墓から遺骨を取り出すことができますが、墓じまいをする場合は、実際の作業を始める前に「閉眼供養《へいがんくよう》（御魂抜《みたまぬ》き）」を行うことが多くなっています。寺院墓地ではしきたりとして行われるほか、民間霊園でも、石材店に遺骨の取り出しや墓石の撤去を依頼する際の条件となっていることがあります。

閉眼供養とは、墓石に宿る仏の魂を抜くための儀式。家族や親戚が墓前に集まり、僧侶が読経を行います。儀式が始まる前にはお墓を掃除し、花や水を供えておきます。お供え物には決まりがあることもあるので、事前に僧侶に聞いておくと安心です。

新しいお墓に納骨する前に行う開眼供養

改葬先として新しくお墓を建てた場合、遺骨を納める前に「開眼供養《かいげんくよう》（御魂入《みたまい》れ）」を行うことがあります。納骨する当日に家族や親戚が集まり、小規模に行うことがほとんどです。

墓石に白い布を巻き（石材店が行うことが多い）、墓前で僧侶が読経した後で布を外します。この儀式によって、石に仏の魂が入るとされています。

閉眼供養や開眼供養で読経を依頼した僧侶には、お布施を包みます。金額はお寺との関係によってさまざまです。菩提寺がなく、民間霊園などに僧侶を派遣してもらった場合は「派遣料」として請求される金額を支払います。

閉眼供養・開眼供養の流れ

僧侶に依頼する	菩提寺がない場合は、墓地の管理者に相談して僧侶を派遣してもらうとよい。
家族、親戚への連絡	身内だけで小規模に行うことが多い。
お布施の準備	菩提寺であれば、これまでのお付き合いに見合った額を包む。交通費がかかる場合は、お布施とは別に「御車代」を渡す。
お墓を掃除しお供えをする	僧侶を派遣してもらった場合は、規定の料金でよい。当日手渡しのほか、振り込みやクレジットカードでの支払いに対応していることもある。
僧侶を迎える	出迎えて挨拶をする際に、お布施を渡すとよい。
僧侶の読経	
参列者の焼香	

寺院墓地への相談は早めに

墓じまいをするとは、檀家をやめるということ。お寺にとっては、経済的にサポートしてくれる人が減ることを意味するのです。

お寺と檀家の関係を踏まえて対応を

寺院墓地の場合、できるだけ早い段階で、「相談」の形で墓じまいを切り出すのがおすすめです。これまでお世話になったお礼を述べたうえで墓じまいしたい理由を説明し、納得してもらうことが大切です。

公営墓地や民間霊園と使用者の間にあるのは、「区画を管理する義務と使用する権利」という契約だけ。でも、お寺と檀家の間には、数世代にわたる協力関係があります。お寺側の事情も理解し、配慮することを忘れないようにしましょう。

墓じまい＝檀家をやめるということ

公営墓地や民間霊園であれば、墓じまいのタイミングは使用者の都合で決めることができます。墓地の管理者に使用をやめることを伝え、工事などの日程を調整すれば準備は完了。ただし、寺院墓地の場合は勝手が違います。

寺院墓地にお墓がある家は、原則としてそのお寺の檀家です。檀家とは、信徒としてその寺院に属している家のこと。手厚い供養が受けられ、法要などを優先してもらえるメリットがある反面、お寺を経済的に支える義務を負っています。お墓の管理費や法要を行う際のお布施はもちろん、お寺の修繕などのための寄付を求められることもあります。

寺院墓地とそれ以外の墓地の違い

公営墓地や民間霊園

墓地の管理者
墓地を
維持・管理

墓地の区画の提供など →
契約上の関係
← **永代使用料+管理費**

使用者
区画を使用

墓じまい＝1区画分の管理費が支払われなくなるだけ。

寺院墓地

お寺
墓地を
維持・管理

先祖を手厚く供養し、
法要などを優先的に行う →
協力関係
← **永代使用料+管理費**
お寺を経済的に支える

数世代続いていることが多い。

檀家
区画を使用

墓じまい＝1区画分の管理費が支払われなくなるうえ、
経済的に支えてくれる人が減る。

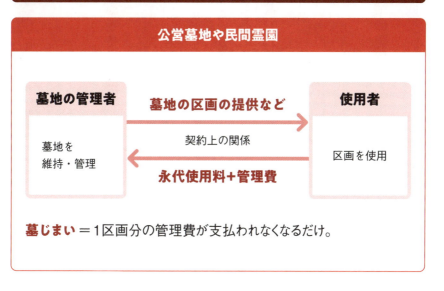

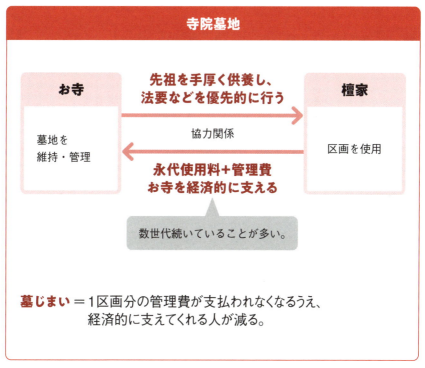

離檀料に関するトラブルが起こったら

檀家をやめる際にはお礼を包むのが一般的

お寺に墓じまいの相談をする際、これまでのお礼としてお布施を包む慣習があります。もちろん義務ではありませんが、「法要2～3回分」ほどの金額を渡すことが多いようです。

檀家をやめる際に渡すものであることから「離檀料」といわれることがありますが、本来、お寺と檀家の関係において離檀料という概念はありません。墓じまいの際のお布施は檀家が自発的に納めるお礼であり、お寺から請求されるものではないのです。

墓地の使用規約を確認してみる

お寺側ときちんと話し合って感謝を伝えれば、墓じまいはスムーズに進むことがほとんどです。でも、稀に離檀料の支払いの有無や金額を巡るトラブルが起こることがあります。

話題になることが多いのが、高額の離檀料を請求されたというもの。話し合いでお互いに納得する解決法を見つけるのが理想ですが、請求額が高額すぎるなど、お寺側の主張に疑問がある場合は墓地の使用規約を確認しましょう。離檀料に関する記載がなければ、支払わないことに法的な問題はありません。

改葬許可の申請書には、墓地の管理者の署名・捺印が必要です。離檀料を巡るトラブルのために署名がもらえないような場合は、自治体に相談してみましょう。事情を説明すると、代替案を提示してもらえることもあります。

離檀料を巡るトラブルの例

お寺	檀家
高額の離檀料を請求 →	支払いを拒否
改葬許可申請書への署名をしない ←	
改葬許可申請書への署名をしない →	墓じまいができない（＝檀家をやめられない）

話し合いで解決できない場合

墓地の使用規約を確認
↓
「離檀料」に関する記載がない場合

支払う義務がないことをお寺側に伝える。

万が一、裁判になったらお寺側が不利なため、決着がつくことがある。

自治体に相談
↓
墓地の管理者の署名なしで改葬許可証を発行する方法を提案してもらえることがある。
↓
お寺の同意がなくても墓じまいができる。

墓じまいのどうする？

手続きを行政書士に依頼しても

お寺との話し合いがこじれそうな場合、行政書士に間に入ってもらう方法も。離檀料そのものの交渉はできませんが、改葬許可申請書への署名の依頼などは行政書士から行うことになるため、お寺側も署名を拒否するなどの極端な行動は取りにくくなるでしょう。また、墓じまい代行サービスの中には提携弁護士による「離檀料の交渉サポート」が含まれているものもあります。

墓じまいをする際に考えておくこと

墓じまいをすると自分のお墓もなくなる

墓じまいと改葬をする際、同時に考えておかなければならないのが、自分のお墓をどうするかということです。改葬先が累代墓以外の場合は、将来的に自分の遺骨の「行き先」もなくなるからです。

何も準備をしないままだと、自分の死後、残された身内にお墓探しなどの負担をかけることになります。墓じまいをきっかけに、自分のお墓についても家族と話し合っておきましょう。

さまざまな供養のしかたを理解しておく

「子どもにお墓の承継による負担をかけたくない」という理由で墓じまいをする人は、自分のためのお墓も承継の必要がない永代供養墓を選ぶことになるでしょう。家族と共通認識を持っておきたいのが、永代供養墓は、いずれは合葬されるものだということ。いったん合葬されると、あらためて個別のお墓に改葬することはできません。

また散骨を選んだ場合、お墓は不要。供養するためのお墓参りをすることもありません。供養に関する考え方は人それぞれです。合葬や散骨に抵抗がない人もいれば、お参りすることができる個別のお墓や納骨スペースを望む人もいます。

永代供養墓で合葬される時期を選んだり、散骨の際に一部を分骨して手元に残しておくこともできるので、話し合いの際には「供養する側」の意見もしっかり聞いておきましょう。

墓じまいをすると……

累代墓の墓じまい

考えるべきこと
・取り出した遺骨の改葬先
・自分のお墓をどうするか？

自分以降もお墓の承継が可能 →

累代墓

取り出した遺骨を納骨し、将来的に自分や家族も入ることができる。

自分以降はお墓の承継をしない →

永代供養墓

改葬する遺骨の分を含め、原則としてひとりひとりの納骨先を確保する必要がある。

↓

納骨の方法や契約内容によって時期は異なるが、最終的には合葬される。

自分以降はお墓の承継をしない →

お墓を持たない

散骨

↓

遺骨が手元に残らないため、お墓を持つ必要がない。

知っておきたい葬儀のマナー③

香典袋の書き方の基本

外袋

表書きは「御霊前」が一般的。下段には、中央に参列者のフルネームを書く。

【表】

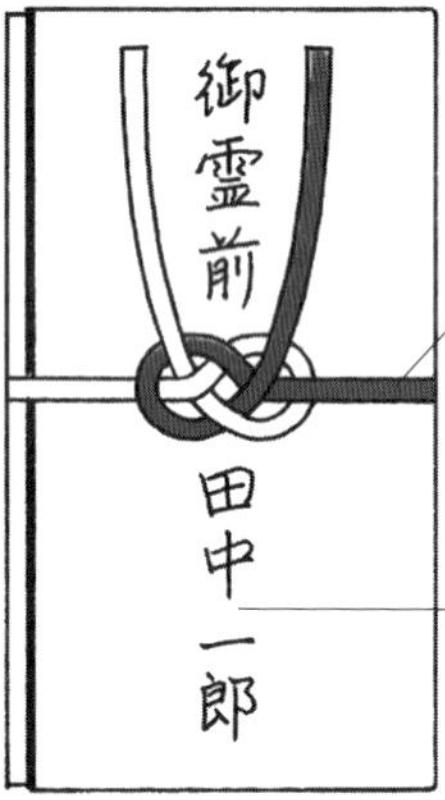

白と黒の水引がかかっているものを使う

薄墨の筆ペンや毛筆で書く

【裏】

中袋を入れ、下側→上側の順に袋をたたむ。

中袋

新札は避ける。新札しかない場合は、折り目をつけてから袋に入れる。中袋を表側から見た時、肖像画が裏面・下側になるように入れる。

【裏】

左側に、参列者の郵便番号と住所、氏名を書く。

頭に「金」をつける

【表】

大字と呼ばれる漢数字で金額を書く。裏面に金額欄がある場合は、表面には書かなくてよい。

大字の漢数字

一	壱
二	弐
三	参
五	伍
十	拾
千	阡（仟）
万	萬
円	圓

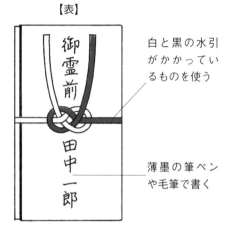

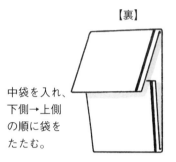

4章

日頃の供養と法要

仏壇に手を合わせるなど、日々の供養によって
故人との心のつながりを保つことができます。

仏壇の選び方

置く場所に合わせてサイズを決める

仏壇を購入するきっかけとして多いのが、家族が亡くなること。葬儀を終えた後、四十九日の法要までに準備することが多いようです。

仏壇を選ぶ際に考えておきたいのが、どこに置くかということ。置き場所を決めたら、幅と奥行き、高さを測っておきます。仏壇には、床に置く背の高いものから家具の上に置くことを想定したコンパクトなものまで、さまざまなタイプがあります。まずはスペースに合わせて候補を絞り込みましょう。

洋室になじむシンプルなものも

大きさと形が決まったら、デザインを選びます。伝統的なスタイルの仏壇には、「唐《から》木《き》仏壇」と「金《きん》仏壇（塗り仏壇）」があります。唐木仏壇は、木目を生かしたもの。金仏壇は外側が漆塗り、内側が金箔で飾られており、主に浄土真宗で使用されます。

近年、選ぶ人が増えているのが、「家具調仏壇」と呼ばれるタイプです。扉を閉めれば仏壇だとは分からず、リビングなどに置いても違和感がありません。重厚感のあるものからカジュアルなものまでデザインのバリエーションが豊富なので、インテリアに合わせて選ぶことができます。

仏壇は、材質や大きさ、細工の細かさなどによって価格が異なります。家具調仏壇はシンプルで小さめのものが多いため、比較的低価格であることも特徴のひとつです。

仏壇の大きさと形

上置き型

家具や棚の上などに置くタイプ。小さくて軽いものが多く、移動も簡単。

台付型（重ね型）

床に置く、背の高いタイプ。下段は収納スペースになっていることが多い。

仏壇のデザイン

伝統的なもの

唐木仏壇

木目を生かして仕上げたもの。

金仏壇

外側は漆塗り、内側は金箔で仕上げたもの。

新しいタイプ

家具調仏壇（モダン仏壇）

洋室にもなじむシンプルなもの。小さめのものが多く、材質やデザインはさまざま。

仏壇のどうする?

使いはじめる前に開眼供養を

新しい仏壇は、「開眼供養」を行うことで、中に納めた本尊や位牌に仏の魂が宿ると考えられています。自宅に僧侶を招いて仏壇の前で読経してもらうほか、本尊や位牌を持参して菩提寺で行うこともできます。

位牌の選び方

四十九日までに本位牌をつくる

仏壇に安置する位牌は、仏となった故人の魂が宿るものとされています。位牌には「白木位牌」と「本位牌」の2種類があります。

白木位牌は葬儀の際に使われるもので、葬儀社やお寺が用意してくれます。葬儀の後、遺族が本位牌を作り、四十九日の法要の際に開眼供養を行ったうえで白木位牌と入れ替えるのが一般的です。

本位牌には、表に戒名、裏に俗名（故人の名前）、没年月日、享年を入れます。位牌の形や材質には、特に決まりはありません。材質や加工のしかたによって価格もさまざま。仏壇のサイズやデザインとのバランスを考えて選ぶとよいでしょう。漆塗りなど伝統的なものに加え、「モダン位牌」などと呼ばれる自由なデザインの位牌も登場しています。

複数の位牌をまとめられる繰り出し位牌

位牌の数が増えてきた場合は、「繰り出し位牌（回出《くりだし》位牌）」にまとめることもできます。繰り出し位牌とは、それぞれの戒名などが書かれた札を複数枚納められる位牌のこと。まとめる際は、古い位牌から魂を抜く「閉眼供養」の後、繰り出し位牌の開眼供養を行います。

閉眼供養を終えた古い位牌は、魂が宿っていない「物」。自分で処分しても問題はありません。抵抗がある場合は、お寺や仏具店に処分を依頼するとよいでしょう。

位牌のいろいろ

塗り位牌

表面を漆で仕上げ、金箔や金粉をあしらったもの。

唐木位牌

黒檀や紫檀などの木目を生かして仕上げたもの。

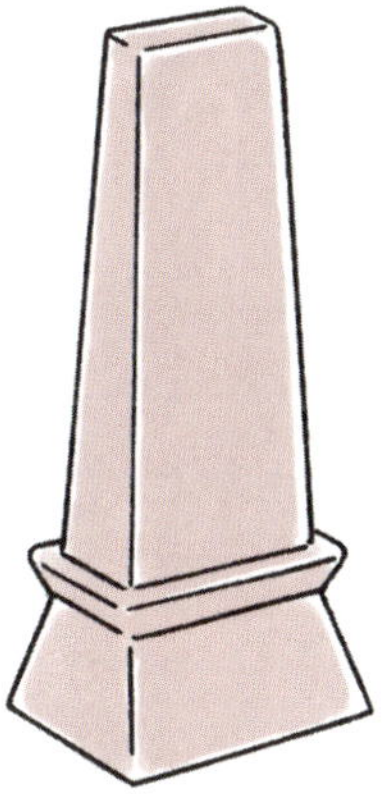

モダン位牌

家具調仏壇に合うタイプのシンプルなもの。

戒名や俗名、没年月日、享年を書いた複数の札を中に納める

いちばん前の札には「○○家先祖代々之霊位」と書き入れるのが一般的

繰り出し位牌

厚みのある位牌に、戒名などを記した札を納められるもの。複数の位牌をまとめることができる。

仏壇のなるほど

位牌を作らない宗派もある

浄土真宗では、原則として本位牌を作りません。仏壇には個人の法名（戒名にあたるもの）などを記した「法名軸」や「過去帳」を安置します。

自宅での供養のしかた・仏式

お参りは朝と夜の2回

仏壇にお供えするものは、「五供《ごく》」が基本。五供とは、香（線香）、花、灯明（ろうそくの明かり）、浄水（水やお茶）、飲食《おんじき》（ごはん）を指します。

仏壇へのお参りは、1日2回、朝と夜に行うのが理想です。仏壇の前で一礼した後、朝は水やお茶とごはんを供え、必要に応じて花も取り替えます。

線香の供え方は、朝も夜も同じ。ろうそくに火を灯し、そこから火を移した線香を香炉に供えます（線香の本数や供え方は宗派によって異なる）。その後、鈴《りん》を打って鳴らし、合掌して一礼します。ろうそくや線香の火を消す際は息を吹きかけず、手であおいで消しましょう。

住宅事情などに合った方法を工夫する

家族構成や住宅事情によっては、仏壇で火を使うのが心配なこともあるでしょう。その場合は、ろうそくを使わない、線香を寝かせて供えるなど、安全を優先して構いません。火が灯っているようにLEDが発光する「電子ろうそく」や「電子線香」を利用する方法もあります。大切なのは、先祖を供養する心です。形にこだわりすぎず、無理なくできる方法でお参りを続けましょう。

毎日のお参りに加え、仏壇をきれいに保つことも大切。お水やごはんは夜のお参りの際に仏壇から下げ、器を洗っておきます。仏壇や仏具はこまめにほこりを払い、ときどき水拭きするとよいでしょう。

仏壇のお参りのしかた

仏壇の前で一礼する。

↓

水やお茶、ごはんを供える。花がしおれている場合は、新しいものに取り替える。

浄土真宗では、水やお茶は供えない。

↓

ろうそくに火をつける。

↓

ろうそくから線香に火を移し、香炉に供える。

↓

鈴を鳴らし、合掌する。

鈴を鳴らす際の正式な作法は宗派によって異なる。

↓

読経して、鈴を鳴らす。

毎日のお参りでは省略してもよい。

↓

ろうそくの火を消し、一礼する。

線香の供え方の例

宗派	本数	供え方
天台宗、真言宗	3本	香炉に立てる
臨済宗、曹洞宗	1本	
浄土宗、日蓮宗	1～3本	
浄土真宗	1本を2つに折る	寝かせる

供養

自宅での祀り方・神道式、キリスト教式

御霊舎に霊璽を納める

神道の場合、自宅では「御霊舎《みたまや》（祖霊舎《それいしゃ》）」に先祖を祀ります。故人の霊が宿るとされているのが「霊璽《れいじ》（御霊代《みたましろ》）」。仏式の供養に例えると、御霊舎は仏壇、霊璽は位牌のような役割を果たします。

御霊舎を購入する場合は、亡くなってから50日目の「五十日祭」までに用意するようにします。仏壇と同様、サイズやデザインはさまざまで、スペースやインテリアに合わせて選ぶことができます。ただし、置き場所選びには注意。御霊舎は神棚より低い位置に置くものとされているからです。

新しい御霊舎は、神職におはらいをしてもらった後、内扉の中に霊璽を納めます。お供え物は、お米、水、塩、酒、榊などが基本。神棚と同様、「二拝二拍手一拝」の作法で毎日お参りしましょう。

写真などを飾って故人を偲ぶ

キリスト教では、原則として自宅で先祖を供養する習わしはありません。亡くなった人は祈る対象ではないため、仏像や位牌のようなものが用いられることはなく、日々の向き合い方にも宗教上の決まりはありません。

とはいえ、家族や親戚がキリスト教徒ではない場合も多いので、写真や十字架などを置ける家庭用の祭壇を利用することも多いようです。モダンな家具調仏壇の中には、キリスト教や無宗教向けの家庭用祭壇として使いやすいデザインのものもあります。

御霊舎の祀り方

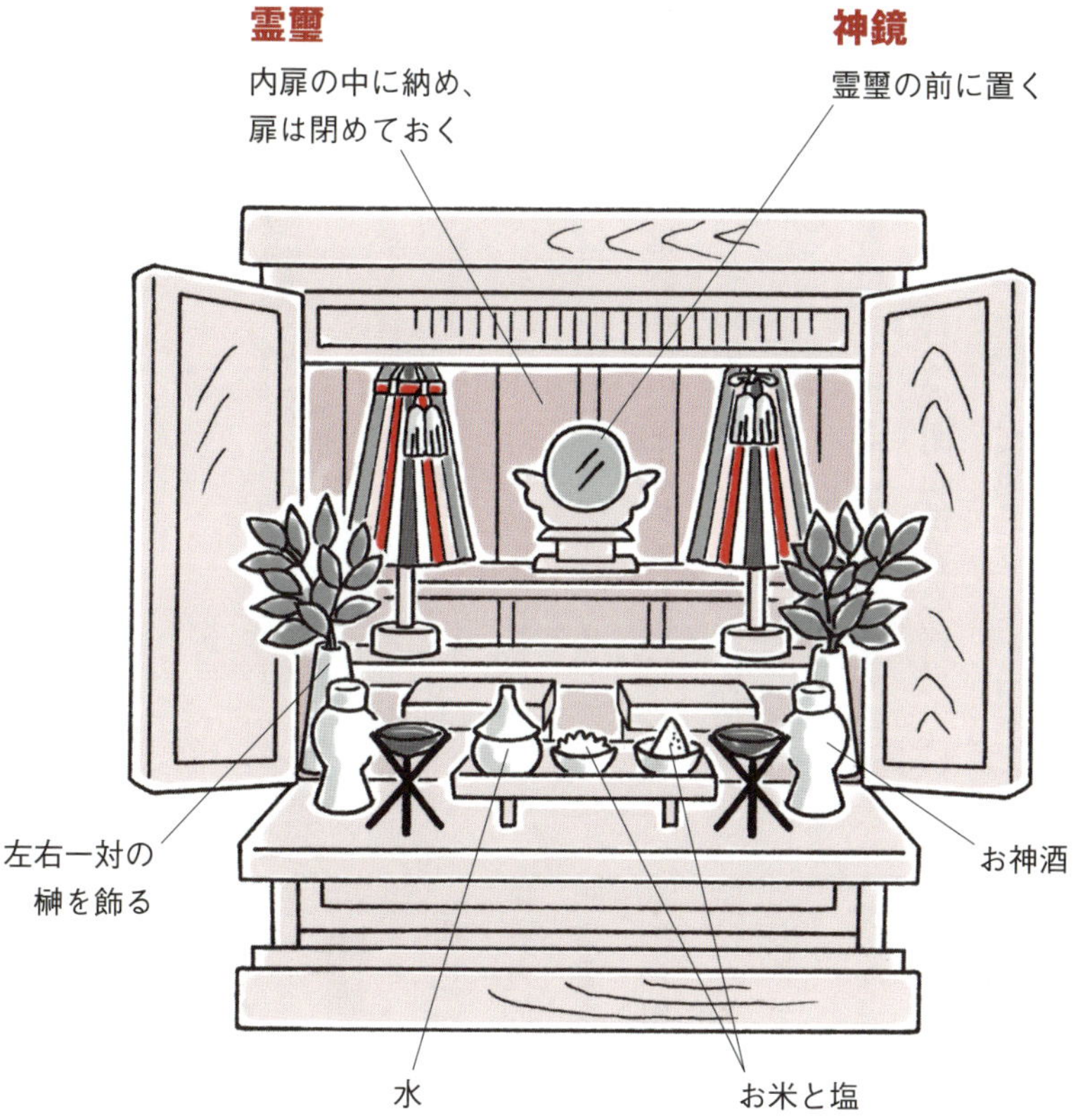

お参りの作法

①腰を90度に曲げる深いお辞儀を2回（二拝）。
②拍手《かしわで》を2回打つ（二拍手）。五十日祭までは、音を立てない「しのび手」で行う。
③腰を90度に曲げる深いお辞儀を1回（一拝）。

仏壇を移動・処分するとき

移動の前後に儀式が必要

仏壇に安置した本尊や位牌には、先祖の霊が宿っていると考えられています。基本的に動かしてはいけないものとされているため、引っ越しなどで仏壇を別の家へ移す場合は、原則として儀式が必要です。

仏壇を動かす前には、本尊などから魂を抜く「閉眼供養」を行います。その後、新しい場所に仏壇を移してから「開眼供養」を行いましょう。

閉眼供養と開眼供養は、菩提寺に依頼するのが基本。引っ越し先が遠い場合は、閉眼供養を菩提寺に依頼し、その際に開眼供養をしてもらえるお寺を紹介してもらうとよいでしょう。

同じ家の中での移動なら、閉眼供養、開眼供養は不要。ただし、ていねいに取り扱いましょう。

閉眼供養を終えた仏壇は家具と同じ

新しい仏壇に買い替える場合は、古い仏壇の閉眼供養と同時に新しい仏壇の開眼供養を行います。閉眼供養を終えた仏壇は、理論上は普通の家具と同じもの。粗大ごみとして処分することも可能ですが、気になる場合はプロの手を借りましょう。

以前はお寺で「お焚き上げ（供養して焼却する儀式）」をすることができましたが、最近では周辺の住民への配慮などから、あまり行われていません。処分の方法としてもっとも確実なのが、新しい仏壇を購入した仏具店に相談すること。古い仏壇を引き取ってくれるところがほとんどです。

仏壇を移動するとき

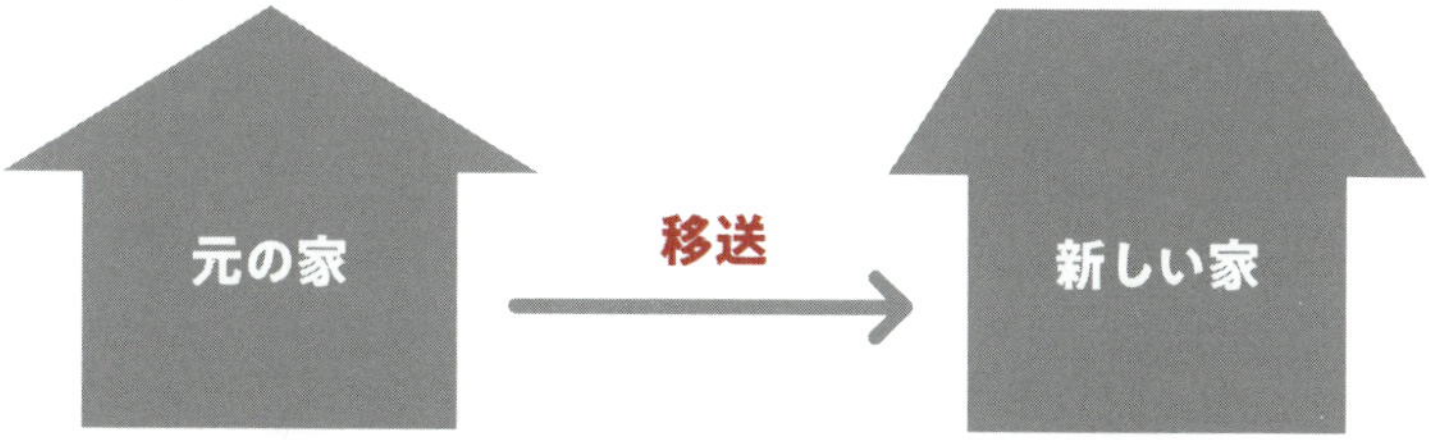

閉眼供養
先祖の魂を抜くことで、
仏壇→家具に。

開眼供養
先祖の魂を入れることで、
家具→仏壇に。

仏壇を新しいものに替えるとき

古い仏壇

新しい仏壇

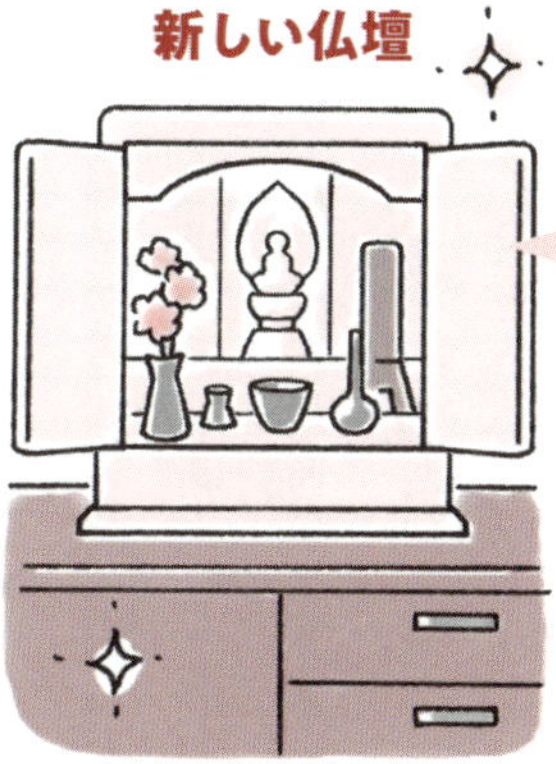

浄土真宗では、閉眼供養の代わりに「遷仏式《せんぶつしき》（遷仏法要）」、開眼供養の代わりに「入仏式（入仏慶讃法要《にゅうぶつきょうさんほうよう》）」を行う。

閉眼供養

閉眼供養を終えていれば、家具と同じ。

開眼供養

処分方法
- 菩提寺に相談する。
- 新しい仏壇を買った仏具店に相談する。
- 地域のルールに従って燃えるごみや粗大ごみとして処分する。

法要の種類

7日ごとに行う忌日法要

「法要」とは、故人の冥福を祈り、供養するための仏教儀式のこと。「忌日《きじつ》法要」と「年忌《ねんき》法要」の2種類に分けられます。

忌日法要は、亡くなった日から7日ごとに7回行うもの。ただし遺族の負担が大きく、参列者との都合を合わせるのも難しいため、7日目の「初七日」と、49日目の「四十九日」以外は省略するのが一般的です。さらに、初七日の法要は葬儀の当日に済ませることが珍しくないため、忌日法要は、実質的に四十九日だけ、ということが多くなっています。

故人は、亡くなってから49日目に極楽浄土に行けるかどうかが決まります。そのため、四十九日は法要の中でも特に重要なものとされています。

節目の年の命日に行う年忌法要

年忌法要は、故人の命日に行うもの。1年後の一周忌から始まり、節目となる年が決められています。三回忌までは親戚や故人と親しかった人も招きますが、それ以降は、家族だけで小規模に行うことがほとんどです。

年忌法要を終わりにすることを「弔い上げ」といいます。年忌法要をいつまで行うかは、遺族の考え方次第。以前は三十三回忌まで行うことが多かったようですが、現在では七回忌までとする人が増えているようです。地域の慣習なども考えたうえで、弔い上げの時期を決めるとよいでしょう。

主な法要

忌日法要

初七日《しょなのか》	命日(亡くなった日を含める)から7日目 *葬儀と同じ日に行うことが多い
二七日《ふたなのか》	命日から14日目
三七日《みなのか》	命日から21日目
四七日《よなのか》	命日から28日目
五七日《いつなのか》	命日から35日目
六七日《むなのか》	命日から42日目
四十九日《しじゅうくにち》(七七日《なななのか》)	命日から49日目

亡くなる前日を1日目として数える地域もある。

年忌法要

一周忌	亡くなってから1年目
三回忌	亡くなった年を含めて3年目(亡くなってから2年め)
七回忌	亡くなった年を含めて7年目
十三回忌	亡くなった年を含めて13年目
十七回忌	亡くなった年を含めて17年目
二十三回忌	亡くなった年を含めて23年目
二十七回忌	亡くなった年を含めて27年目
三十三回忌	亡くなった年を含めて33年目

法要のいろいろ

月忌法要や追悼法要も

忌日法要、年忌法要のほか、亡くなった日に毎月行う「月忌《がっき》法要」、日にちや年数に関係なく行う「追悼法要」もあります。追悼法要には、亡くなってから100日目に行う「百か日《ひゃっかにち》」や、忌明け（四十九日の法要後）に迎える初めてのお盆である「新盆《にいぼん》（初盆《はつぼん》）法要」などがあります。

法要の準備と流れ

供養

日程をずらす場合は前倒しに

法要では僧侶の読経の後、お墓参りをします。法要の後は、参列者と僧侶を招いて会食の席を設けるのが一般的です。

法要の会場は、菩提寺や斎場、自宅など。お墓から離れた会場で行う場合、お墓参りは日を改めて家族が行えばよいでしょう。

大切な節目の法要である四十九日、一周忌、三回忌は、親戚や故人と親しかった人も招いて行うことが多いため、事前の準備が必要です。法要の日取りは命日から数えた日数や年数に合わせるのが基本ですが、参列者が都合をつけやすい週末などにずらして設定することがほとんど。その場合、本来の時期より早く行うのが望ましいとされています。僧侶とも相談したうえで、日程を決めるとよいでしょう。

会食や返礼品の手配も必要

日程を決めたら、招待する人に連絡して出欠を確認。人数が確定したら、会食の手配をします。法要には参列者がお供え（香典）を持参するため、返礼品も必要です。一般的な香典の「半返し」となる２０００～３０００円程度の品物を用意しておき、会食の後などに渡せるようにしておきましょう。

当日は、読経に加えて参列者による焼香や僧侶の法話なども行われることがあります。儀式の進行は基本的に僧侶に任せ、施主は法要の前後に簡単な挨拶をすればよいでしょう。

法要の準備

日程の調整	原則として祥月命日《しょうつきめいにち》（個人の没年月日と同じ日）に行う。ずらす場合は、本来の日取りより前にする。
会場の手配	菩提寺で行う場合は、僧侶に日程の相談をする際に確認しておく。斎場などを利用する場合は、おおよその参列者数を考えたうえで予約する。
参列者への案内・出欠の確認	人数が少なければ電話やメールなどで確認。人数が多い場合は、出欠の返信はがきを同封して案内状を送る。
会食の手配	参列者の人数が決まったら、会食の手配をする。
返礼品の手配	お供えのお返しとして渡す品物を用意する。
お布施の準備	僧侶へのお礼として、お布施を包む。お寺との関係にもよるが、3万～5万円が相場。

交通費がかかる場合は「御車代」、僧侶が会食を辞退した場合は「御膳料」も用意する。

法要の困った!

菩提寺がないときは……

法要は、菩提寺に依頼するのが基本です。菩提寺がない場合は、インターネットで僧侶を派遣してくれるサービスなどを利用するとよいでしょう。希望する宗派に合わせて依頼が可能で、檀家になる必要もありません。

お墓参りの作法

お墓参りはいつ行ってもよい

お墓参りは、故人を偲んで冥福を祈るためのもの。墓前で日常のことを報告するなどして、故人との心のつながりを感じる機会でもあります。お墓参りはいつ行っても構いませんが、春と秋のお彼岸やお盆、命日、年末などにお参りする人が多いようです。

お彼岸は、それぞれ春分の日、秋分の日の前後3日間ずつの7日間を指します。現世と仏の世界の距離が近くなる時期と考えられていることから、お墓参りをして先祖を供養するようになりました。

お盆は、先祖の霊が家族の元に帰ってくるとされる期間です。位牌を中心に、さまざまなお供えを飾った盆棚（精霊棚《しょうりょうだな》）を作り、お墓参りをして先祖を迎えます。

お墓の掃除を済ませてからお参りを

お墓参りに決まった作法はありませんが、寺院墓地の場合は本堂にお参りしてからお墓に向かいます。

最初に済ませたいのが、お墓の掃除。区画内のごみや雑草を取り除き、墓石に水をかけて雑巾やスポンジで汚れを落とします。掃除が終わったら、汲みなおしたきれいな水を墓石にかけて清めましょう。

その後、水鉢にきれいな水を入れ、花などを供えます。お墓が整ったら、線香を供えて合掌します。

花と線香はそのままにして構いませんが、食べ物などを供えた場合は持ち帰るのがマナー。墓石にお酒などをかけるのもやめましょう。

お墓参りをする際の持ち物

お参りに必要なもの

□ **線香**
「お墓参り用」として売られているものが便利。

□ **ろうそく**
お墓にろうそく立てがついている場合に使う。

□ **ライター、マッチなど**
線香やろうそくに火をつけるために用意しておく。

□ **数珠（あれば）**
墓前で合掌する際、手にかける。

□ **花**
花立が左右一対なので、2束用意する。

仏花として売られているものにこだわらず、故人が好きな花を供えてよい。ただし、とげや毒があるもの、香りが強いものは避ける。

□ **お供え物**
お墓に供えたい果物やお菓子など。

□ **半紙など**
お供え物をする場合、下に敷く。

掃除用具

□ぞうきんやスポンジ
□ゴム手袋や軍手
□ごみ袋
□植木ばさみ（区画内に植栽がある場合）
□手おけやバケツ*
□ひしゃく*
□ほうき、ちりとり*

*霊園に備えられていることが多い。

新しいタイプのお墓参り

納骨堂へのお参りのしかた

納骨堂は屋内施設であるため、お墓参りの際に水を使った掃除はできません。ほこりなどが気になる場合も、から拭き程度にとどめます。

また、線香や花、お供え物などについても、安全上や衛生面の理由から禁止されていたり、電子線香や造花に限定されていたりすることがあります。お参り前に、各施設のルールを確認しておきましょう。

納骨堂の場合、お参りのしかたには3つのパターンがあります。ひとつ目が、ロッカー式や仏壇式のような個別の区画の前で行うもの。ふたつ目が、共用のスペースで行うもの。バックヤードに遺骨が納めてある棚式などの場合、本尊の前などに参拝場所が設けられていることが多くなっています。3つ目が、個別ブースや個室を利用するもの。自動搬送式の場合は、専用の場所に遺骨や位牌が搬送されてくる仕組みになっています。

お墓参り代行やネットお墓参りも

お墓が遠方にあるなどの理由でお参りできないなら、「お墓参り代行サービス」を利用する方法もあります。依頼者に代わってお墓の掃除やお供えをし、写真を添えて完了の報告が送られてきます。

また、「ネットお墓参り」ができる霊園も登場しています。専用ページからお墓の映像を見ることができるうえ、「花を供える」などのボタンをクリックすることでお参りした気分を味わえます。

納骨堂のお墓参りの例

個別スペースの前

仏壇式やロッカー式、墓石式など

遺骨を納めた個別スペースの前でお参りする。

合同の参拝場所

棚式など

本尊の前などに、参拝するためのスペースが設けられている。

個室や個別ブース

自動搬送式など

タッチパネルなどを操作すると、遺骨や位牌が搬送されてくる。

樹木葬のお墓参りの例

里山型の場合

- 安全面の理由から、線香は供えられない場合が多い。
- 花や食べ物のお供えは、お参りを終えたら持ち帰る。
- 地域によっては、お参りの時期が制限される場合も。
- 納骨したスペースの掃除や手入れは管理者に任せる。

公園型、庭園型の場合

- シンボルツリーの前、または別の場所に線香を供えられることが多い。
- 花は地面に直接置くことが多い。
- お供え物をすることもできるが、必ず持ち帰る。
- 納骨したスペースの掃除や手入れは管理者に任せる。

＊施設によってルールが異なるので、事前に確認するとよい。

「おひとりさま」の葬儀とお墓

葬儀やお墓の手続きを誰に託すか

葬儀やお墓選びは、老後の暮らしの延長線上にあります。病気やけがをしたとき誰に頼るのか、自分の遺骨を誰に託すのか……。少子高齢化に伴ってひとり暮らしの高齢者が増えている今、多くの人が考えておかなければならない問題です。

葬儀やお墓の生前契約をしている場合でも、自分の死後に手続きをしてくれる人が必要です。身内に頼れる人がいない場合は、信頼できる人と「死後事務委任契約」を結んでおくとよいでしょう。

死後事務委任契約によってできること

死後事務委任契約には、葬儀やお墓に関すること、各種の行政手続き、病院や介護施設費用の清算、関係者への連絡など、さまざまな内容を含めることができます。代理人（自分に代わって事務を行ってくれる人）には特別な資格などは必要ないため、友人や知人に頼んでも構いません。弁護士や司法書士、民間企業、社会福祉用議会などに依頼することも可能ですが、専門家に依頼する場合は報酬が必要です。

代理人と依頼内容が決まったら、契約書を作成しておきましょう。契約内容を確実なものにするため、公証役場に出向いて作成するのがおすすめです。

家族や親戚、死後事務の代理人などもいない場合は、自治体によって火葬されます。遺骨は一定期間保管された後、自治体が管理するお墓などに合葬されるのが一般的です。

死後事務委任契約の基本

①依頼内容を決める

- 葬儀や納骨、永代供養に関すること
- 健康保険や介護保険、年金、税金に関する行政手続き
- 病院や介護施設、賃貸住宅などの清算や解約
- 関係者への連絡や遺品整理
- SNSアカウントの削除
- 残されたペットの世話　など

＊介護などに関する生前の手続きや相続に関することは依頼できない。

②代理人（自分に代わって事務を行ってもらう人）を決める

- 友人や知人
- 弁護士
- 司法書士
- 民間企業
- 社会福祉協議会　など

代理人は有償でも無償でも行うことができる。

↓

専門家に依頼する場合は必ず報酬が発生する。

③契約書を作成する

契約は口頭でも成り立つが、代理人と一緒に公証役場に出向き、公正証書として作成するのが理想。

①～③のいずれかを持参する

①実印と印鑑証明書
②運転免許証と認印
③マイナンバーカードと認印
＋
公証人の手数料　1万1000円

葬儀とお墓こんなときどうするQ&A

事前にきちんと調べておいたつもりでも、
いざとなると迷ったり困ったりすることが出てくるもの。
知っておくと役立つあれこれをまとめてみました。

Q1

喪主は複数で務めることもできる?

A 喪主は原則としてひとりですが、複数人でも可能です。故人の配偶者が高齢の場合に子どもとともに喪主になったり、親の葬儀の喪主をきょうだいで務めたりすることもあります。

Q2

葬儀の費用は誰が負担する?

A 葬儀費用は喪主が負担するのが一般的です。参列者から受け取る香典は喪主の財産となるので、喪主の判断で葬儀費用にあてることができます。香典で賄いきれないぶんを喪主だけで負担するのが厳しい場合は、家族と分担することも考えましょう。

また、葬儀には、経済的な負担を引き受ける「施主《せしゅ》」という役割もあります。現在では喪主が施主を兼任するのが一般的ですが、喪主が子どもや高齢者などの場合には、親戚などが施主となって経済面で葬儀をサポートすることもあります。

Q3

葬儀費用を故人の財産から支払うことはできる?

A 原則として、金融機関の口座は名義人が亡くなると凍結されます。本人が自分の葬儀費用を負担することを希望している場合、許可を得たうえで亡くなる前に必要な金額を引き出しておくのが確実です。

ただし、2019年からは「預貯金仮払い制度」により、口座の凍結後でも一定額までなら相続人による引き出しが可能になりました。上限額は、下記A、Bのいずれか金額が低いほうです。

預貯金仮払い制度の基本

A… 死亡時の預貯金 × 申請者の法定相続分 × 3分の1

B… 150万円

→引き出せるのは、A、Bいずれか金額が低い方。

例	・故人の預貯金が1200万円 ・配偶者が申請

A…1200万円 × 1/2 (配偶者の法定相続分) × 1/3 =200万円

→B (150万円) のほうが金額が低い

→引き出せる上限額は150万円

Q4
塔婆供養って何?

A 塔婆とは、仏式のお墓(浄土真宗を除く)の周りに立てる細長い木製の板のこと。戒名や経文などが書かれており、法要などの際に塔婆を立てることは故人の供養になるとされています。

塔婆供養を行う場合は事前に菩提寺に依頼し、法要などの日程に合わせて塔婆を用意してもらう必要があります。

地域やお寺によって異なりますが、塔婆は1本あたり3000~1万円が相場。料金は決まっていることが多いので、依頼する際、お寺に確認するとよいでしょう。

Q5
配偶者の家のお墓に入りたくない! どんな選択肢がある?

A 結婚したからといって、配偶者の家の累代墓に入らなければならないわけではありません。ただし、お墓に関する考え方は人それぞれ。まずは配偶者とよく話し合い、同意を得ておくようにしましょう。

一族が入る累代墓に抵抗があるのなら、夫婦のために新しいお墓を用意することも選択肢のひとつです。また、「配偶者と一緒のお墓に入りたくない」という場合は、自分のためのお墓を用意することになります。

Q6
納骨まで、自宅で遺骨を保管するのが難しいときは？

A 納骨するまでの間、遺骨は自宅に安置するのが一般的ですが、住宅事情などによって遺骨を保管するのが難しかったり、お墓を用意するまでに時間がかかったりすることもあります。その場合は、遺骨を一時的に預かってくれるシステム（預《よ》骨《こつ》、仮納骨）の利用を検討してみましょう。

納骨先が決まっている場合は、そのお墓を管理する寺院や霊園に相談すると対応してもらえることがあります。民間の納骨堂や石材店などでも、預骨を受け入れているところがあります。

Q7
パートナーとは事実婚。相手の家のお墓に入れる？

A お墓の名義人の同意があれば納骨は可能。ただし、霊園の中には納骨できる範囲（何親等以内など）を定めているところもあるので、霊園の管理者への確認も必要です。

Q8

夫婦がそれぞれ承継したお墓をひとつにまとめることはできる?

A 両家の累代墓をまとめたものは「両家墓」と呼ばれます。ひとつのお墓にすべての遺骨を納めて墓石に両家の名前を刻むのが一般的ですが、ひとつの区画内にふたつのお墓を建てることもあります。

両家墓にはお参りしやすくなるなどのメリットがありますが、中には抵抗を覚える人もいるので、家族や親戚とよく話し合っておくことが大切です。また寺院墓地の場合、宗教や宗派が違うと受け入れが難しいこともあるため、事前に確認が必要です。

Q9

改葬する際、これまでの墓石を新しいお墓でも使うことができる?

A 原則として可能ですが、考えておくべきことがいくつかあります。

まず、新しい霊園に墓石の持ち込みが可能か。民間霊園では指定石材店が決められているため、持ち込みが認められないこともあります。次に、新しいお墓の区画の形や広さに今の墓石類のサイズが合うか。さらに、解体や運搬の費用も見積もっておく必要があります。手間と費用を考えたうえで、今ある墓石を使うことにメリットがあるかどうかを判断しましょう。

Q10

ペットと一緒に お墓に入ることはできる?

A ペットと人の遺骨を同じお墓に納めても、法律上は問題ありません。ただし、宗教的な見地からは受け入れられない場合もあるため、寺院墓地の場合、ペットと一緒に入れるお墓は多くないでしょう。

ペットと一緒にお墓に入りたい場合は、民間霊園を中心に探すとよいでしょう。寺院墓地や公営墓地に比べてルールが緩やかで、ペットも受け入れるところも増えています。

Q11

累代墓のカロート(納骨スペース)が いっぱいになってしまったら?

A 対処法のひとつめが、古い遺骨を「骨袋」に移しかえること。骨壺に比べて場所をとらないため、カロート内に新しい骨壺を納めるスペースが生まれます。

また、地下に設けられたカロートは、床の一部があえて土のままにされていることがあります。この部分に古い遺骨を置いたり埋めたりして土に還す方法も選択肢のひとつです。

このほか、業者に依頼して古い遺骨を粉骨（粉末状にする）し、小さな骨壺に納め直す方法もあります。

Q12

墓石のメンテナンスをしたいときは？

A 経年変化によって、墓石にシミがついたりカビが発生したりすることがあります。お墓参りの際に掃除をしても汚れが気になる場合は、墓石クリーニングを専門に行う業者に依頼するとよいでしょう。

表面の汚れを落とすだけでなく、汚れがつきにくいコーティングなどのメニューも用意されています。

クリーニングでは落ちない汚れやヒビ、欠けなどは、石材店に相談しましょう。表面の磨き直しや補修、パーツ交換などのほか、部分的なリフォームも可能です。

Q13

購入したけれど使わなかった墓地、売ることはできますか？

A 墓地を「買う」「取得する」とは、墓地の所有者と契約して永代使用権を得ることです。永代使用権とは、その区画を代々使用する権利のことであり、購入者が土地そのものを所有しているわけではありません。

そのため、使用者が墓地を勝手に売買することはできず、墓地が不要になった場合は解約することになります。解約すると永代使用権を失いますが、たとえ区画をまったく使用していない状態であっても、購入代金（永代使用料）は返還されないことがほとんどです。

Q14

お墓の保険があるって本当？

A 墓石を買う際、石材店でつけることができる保証は、おもに工事中の破損や経年劣化に対応するもの。天災による破損には適用されないことがほとんどです。また、住宅や家財を対象とする地震保険や火災保険では、お墓は補償の対象に含まれません。

お墓の保険は、天災などでお墓が破損した際の修復費用を補償するもの。お墓に耐震・免震施工が施されていることが加入条件であることが多いようです。

Q15

お寺の檀家になると、どんな費用がかかる？

A 寺院墓地にお墓がある場合、そのお寺の檀家としてお寺を支える役割も担うことになります。最低限必要なのは、お墓とお寺の管理費にあてられる費用。「護持会費《ごじかい》」「管理費」などと呼ばれ、お寺によって差はありますが、年間5000円～3万円程度が相場のようです。

このほか、お寺の行事の際にお布施を包んだり、お寺の改修などのための寄付金を求められたりすることもあります。新しくお墓を取得して檀家になる場合は、「入檀料」も必要なことがあります。

Q16
手元供養していた少量の遺骨、庭に埋めてもいい？

A 「墓地、埋葬等に関する法律」によって、墓地以外のところに遺骨を埋葬することは禁止されています。たとえ少量でも、自宅の敷地内などに埋めることは違法です。

ちなみに、法律で禁じられているのは土に埋めること。どんなに長い期間であっても、室内などに安置して手元供養するのは問題ありません。

Q17
自分の土地に散骨してもいい？

A 散骨には明確な法律上の規定がないため、私有地に散骨することは違法ではありません。ただし自治体によっては、決められた場所以外での散骨を禁止する条例が定められている場合もあります。

散骨する際は、遺骨を細かい「遺灰」にするのが決まりです。遺灰は風で飛ばされて敷地外にも広がる可能性があるので、近所の人の感情に配慮することも忘れてはいけません。

また、まいた遺灰を土で覆うことは法律違反になることがあるので、自分の土地への散骨はおすすめできません。

Q18

新盆（初盆）には何をすればいい？

A 「新盆（初盆）」とは、四十九日法要後に初めて迎えるお盆のこと。四十九日より前にお盆（時期は地域によって異なる）を迎える場合は、翌年が新盆になります。新盆には親戚なども招き、自宅やお寺で僧侶が読経する「新盆法要」を行います。

また、自宅にはお盆飾りを並べた「盆棚」を作り、玄関先に新盆のときだけ使用する白い提灯（白紋天《しろもんてん》）を吊るします。

お盆の迎え方には宗派や地域による違いがあります。気になることは、お寺や地域の仏具店などに相談するとよいでしょう。

Q19

寺院墓地から民間霊園へ改葬。その後の法要はどのお寺に頼めばいい？

A 改葬前のお墓があったお寺に相談してみるとよいでしょう。元のお寺が現在の居住地から遠い場合は、近くにある同じ宗派のお寺を紹介してもらえることもあります。

元のお寺に依頼したくない場合は、霊園の管理者や石材店に相談し、紹介してもらうことも可能です。インターネット上で僧侶を手配するサービスなどを利用する方法もあります。

［監修］ **吉川美津子**

葬儀・お墓コンサルタント／社会福祉士／介護福祉士

大手葬儀社、大手仏壇・墓石販売店勤務を経て、専門学校の葬祭ビジネスコースの運営に参画。葬送コンサルタントとして独立してからは、コンサルティングのほか、福祉・介護の現場等でも活動している。メディア掲載・出演実績は500本以上。主な著書に『葬儀業界の動向とカラクリがよ～くわかる本』（秀和システム）、『お墓の大問題』（小学館）、『死後離婚』（洋泉社）などがある。Yahoo! ニュースの公式オーサー&コメンテーター。

この一冊で安心 葬儀とお墓のハンドブック

2024年11月8日　第1刷発行

監修	吉川美津子
発行人	松井謙介
編集人	廣瀬有二
企画編集	福田祐一郎
発行所	株式会社　ワン・パブリッシング 〒105-0003　東京都港区新橋2-23-1
印刷所	日経印刷株式会社

編集・執筆協力	野口久美子
カバーデザイン	山之口正和＋永井里実（OKIKATA）
本文レイアウト・DTP	髙島直人（verno）
イラスト	幡谷智子
校正	合同会社こはん商会
取材協力	株式会社メモリアルアートの大野屋（P.8 ～ 19）
資料提供	株式会社鎌倉新書「いい葬儀」https://www.e-sogi.com 株式会社鎌倉新書「いいお墓」https://www.e-ohaka.com

［この本に関する各種お問い合わせ先］
本の内容については、下記サイトのお問い合わせフォームよりお願いします。
https://one-publishing.co.jp/contact
［不良品（落丁、乱丁）については］
業務センター　〒354-0045　埼玉県入間郡三芳町上富279-1
Tel 0570-092555
［在庫・注文については］
書店専用受注センター　Tel 0570-000346